Die Ostseeküste von Flensburg bis Eckernförde

mit Angeln, Schlei, Schleswig, Schwansen

Hans-Dieter Reinke

W0074517

Ellert & Richter Verlag

Inhalt

Einführung 5

**Im Wandel der Eiszeiten: zur Geologie und
Landschaftsentstehung des Gebiets** 8
Die Eiszeiten 9
Nacheiszeitliche Landschaftsgestaltung 14

**Deutsch-dänisches Hin und Her: zur Landes-
geschichte** 17

**Rückzug in die Schutzgebiete: zur Vogelwelt der
Ostseeküste** 23

Flensburg und Angeln 30
Flensburg: die schöne Stadt an der Förde 30
Das beliebte hügelige Land Angeln 36
Wanderungen 41
  Fröruper Berge 41
  Am Scheersberg 46
  Geltinger Birk 50
Radtouren 58
  Halbinsel Holnis und Langballigau 58
  Zentralangeln 66
  Alte Kreisbahntrasse von Süderbrarup
  nach Schleswig 72
Restauranttips 78

Schleswig, Schlei und Kappeln 80
Die ehemalige Residenzstadt: Schleswig 80
Die Schlei: Tochter der Ostsee 88
Kappeln und Arnis 92

Wanderungen 96
  Rund ums Haddebyer Noor 96
  Wald- und Schleiuferwanderung bei Missunde . . . 99
  Maasholm – Oehe – Schleimünde 101
Radtouren 107
  Westliche Schlei 107
  Mittlere Schlei 113
  Östliche Schlei 119
Restauranttips 124

Eckernförde und Schwansen 128
Eckernförde: die Stadt der „Kieler Sprotten" 128
Schwansen: das Land der Güter und Herrenhäuser . . 132
Wanderungen 136
  Rund ums Windebyer Noor 136
  Damp und Schwansener See 138
Radtour 143
  Südliches Schwansen 143
Restauranttips 150

Ausflüge in die Umgebung 152
Besuch beim dänischen Nachbarn: Ausflug nach
Sønderborg 152
Restauranttips 157
Wo Adebar zu Hause ist: Storchendorf Bergenhusen
und Sorgeniederung 158
Auf einer Insel in der Marsch: die holländische
Siedlung Friedrichstadt 163
Restauranttips 167

Der besondere Tip 168
Wo die Ostsee sich der Nordsee nähert:
eine Schleifahrt mit der MS „Bente" 168
Auf den Spuren der Wikinger: Museum Haithabu
und Danewerk 172
Restauranttips 179

Termine zwischen Flensburg und Eckernförde 180

Informationen von A bis Z 183

Literatur und Karten 199

Ortsregister 202

Impressum/Bildnachweis 208

Einführung

Schleswig-Holstein befindet sich als Tourismusland weiterhin im Aufwind. Auf jeden Bewohner des Landes kommen statistisch gesehen sieben Übernachtungen; das sind mehr als im Tourismus-Spitzenland Bayern. Ruhe, Schutz der Gesundheit und Naturerlebnisse: Das sind wichtige Urlaubsgesichtspunkte, die in den vergangenen Jahren an Bedeutung zugenommen haben; Erwartungen an einen Urlaub, die Schleswig-Holstein durchaus zu befriedigen vermag. Inzwischen bezeichnen sich 67 Prozent der Besucher der „meerumschlungenen" Landschaft als „Naturlauber". In enger Zusammenarbeit von Naturschutzverbänden und Fremdenverkehrsverband sind zum Thema „Natur und Urlaub in Schleswig-Holstein" eine Vielzahl von Informationen und Hinweisen für einen möglichst naturverträglichen Urlaub im nördlichsten Bundesland erarbeitet worden; damit sich nicht Befürchtungen bewahrheiten, wie sie beispielsweise die Naturschutzorganisation Greenpeace hegt: „Wir fliehen die Städte und suchen die Natur. Finden wir sie, ist sie verloren." Schleswig-Holstein hat gewiß mit einer Vielzahl von ökologischen Problemen zu kämpfen – man denke nur an den Schutz von Nord- und Ostsee – aber das Land hat erkannt, daß das Erleben einer vielfältigen und weitgehend intakten Natur und das Kennenlernen einer interessanten Tier- und Pflanzenwelt zu den bleibenden Erinnerungen eines Urlaubes gehören kann. Damit wird der Natur- und Umweltschutz über den Tourismus zu einem wichtigen direkten Wirtschaftsfaktor.

In der Tat kann sich sehen lassen, was Schleswig-Holstein an Natur zu bieten hat: Die weite amphibische Wattenmeerlandschaft mit Inseln und Halligen an der Westküste, die Geröll- und Sandstrände, Nehrungen, Strandwälle, waldbestandene Steilufer, Strandseen, sich weit ins Land ziehende Förden und stille Buchten an der Ostsee. Wer indes abseits der belebten Strände Ruhe und Abgeschiedenheit sucht, findet diese mühelos im Binnenland mit seinen zahlreichen eiszeitlich entstandenen Seen, in Heiden und Mooren. Oder man radelt die Knicks entlang durch die weiten Wiesen und Felder der Bauernlandschaften Angelns und Schwansens. An den Ufern der Schlei, die sich 40 Kilometer weit ins Land einschneidet, findet der ruhebedürftige Besucher an ihren einsamen Buchten, die hier Noore genannt werden, sein abgeschiedenes Plätzchen.

Doch wer nun glaubt, Kunst und Kultur würden hier vor der Natur fliehen, wird durch die zahlreichen Museen, alten romanischen Kirchen, Herrenhäuser und Schlösser eines Besseren belehrt. Schloß Gottorf in Schleswig oder Glücksburg an der Flensburger Förde, eines der schönsten Wasserschlösser Deutschlands, gehören mit ihrer bewegten Geschichte zu den besonderen Anlaufpunkten eines Schleswig-Holstein-Urlaubs. Das in Herrenhäusern, Kirchen und Scheunen im ganzen Lande allsommerlich stattfindende „Schleswig-Holstein Musikfestival" ist inzwischen weit über die Landesgrenzen hinweg bekannt und zieht zahlreiche Besucher zum besonderen Klassik-Genuß in den Norden.

Die Palette der Ausstellungsorte reicht von kleinen, oft liebevoll zusammengestellten Sammlungen in Heimat- und Dorfmuseen bis hin zum großen Freilichtmuseum Molfsee bei Kiel, dem interessanten Wikingermuseum Haithabu und zu den Landesmuseen in Schleswig, in denen man getrost einige Tage zubringen kann. Vorgeschichtliche Hünengräber der Jungsteinzeit und bronzezeitliche Grabhügel sind vielerorts über die Landschaft verteilt, aber auch Geschichtsdenkmäler jüngeren Datums, wie das Danewerk, das im frühen 8. Jahrhundert begonnen wurde und das zudem naturkundlich interessant ist, lohnen einen Ausflug.

Die kulturellen und naturkundlichen Besonderheiten erlebt man natürlich am besten, indem man sie sich erwandert oder mit dem Rad abfährt. Ein Drittel aller Schleswig-Holstein-Urlauber benutzen inzwischen das Fahrrad für den Aufenthalt zwischen den Meeren, im Bundesdurchschnitt sind es lediglich 18 Prozent. Dieser Verzicht auf das Auto und die damit verbundene Entlastung der Umwelt erfreuen natürlich die Naturschützer, und es paßt in das Kozept des „Sanften Tourismus", das von der Landesregierung propagiert wird. Radwegeausbau, bessere Beschilderung, Vorfahrt für Radler in den Städten und erleichterte Fahrradmitnahme im öffentlichen Nahverkehr sollen das Radfahren noch attraktiver machen.

Ob Sie nun mit dem Fahrrad, per pedes oder im Auto unterwegs sind – es gibt viel Kultur und Natur in Schleswig-Holstein zu erleben. Seien Sie willkommen zu dieser Entdeckungsreise zwischen Flensburg und Eckernförde!

Im Wandel der Eiszeiten: zur Geologie und Landschafts- entstehung des Gebiets

Geologisch gesehen ist die Oberfläche Schleswig-Holsteins mit einem Alter von etwa 200 000 Jahren ein vergleichsweise junges Gebiet. Es ist ein Kind der verschiedenen Eiszeiten, die skandinavisches Gestein und Sandmaterial hierher geschoben und abgelagert haben. Ohne die Arbeit der Eiszeiten würde der Besucher Schleswig-Holsteins an den meisten Stellen des Landes im Wasser schwimmen. Lediglich etwas mehr als ein Dutzend kleiner Inseln, etwa von der Größe Sylts und Amrums, würden auf dem Gebiet des heutigen Schleswig-Holstein von der großflächig verbundenen Nord- und Ostsee umspült werden.

Doch beginnen wir von vorne. Was war vor den Eiszeiten? Der voreiszeitliche Untergrund Schleswig-Holsteins besteht aus Ablagerungen früherer Erdzeitalter und ist über dem Grundgebirge mehrere tausend Meter mächtig. Diese Schichten liegen allerdings nicht überall wohlgeordnet übereinander, sondern durch Aktivitäten tiefer liegender Salz- und Gesteinsschichten (Zechstein und Rotliegendes) werden darüber liegende Schichten nach oben geschoben. Je nach Intensität dieser Aktivität kommen verschiedene Schichten an die Oberfläche und überragen als sogenannte „Geologische Fenster" das heutige Meeresniveau bzw. die eiszeitlichen Ablagerungen. Der Buntsandsteinfelsen Helgolands und der Segeberger Kalkberg, bekannt durch die Karl-May-Festspiele, sind solche Schichten. Sie durchstoßen die Oberfläche und gestatten es dem Geologen, aber auch dem kundigen Laien, gleichsam durch ein Fenster einen Blick in tiefere Erdschichten und ältere Ablagerungen zu werfen.

Abgesehen von diesen wenigen Ausnahmen ist das Landschaftsbild Schleswig-Holsteins durch die Eiszeiten und nacheiszeitliche Veränderungen geprägt.

Die Eiszeiten

Für das Aussehen der Oberfläche zwischen Nord- und Ostsee sind besonders die beiden letzten Eiszeiten gestalterisch tätig gewesen. Während der als Saaleglazial bezeichneten vorletzten Eiszeit (ca. 200 000−125 000 Jahre v. Chr.) hatte das Eis seine größte Ausdehnung. Ganz Norddeutschland und weite Teile der Alpen waren durch Eismassen zugedeckt. Die letzte, als Weichselglazial bezeichnete Kaltzeit (80 000−15 000 v. Chr.) erreichte mit ihren Gletschermassen nur noch die Mitte Schleswig-Holsteins, etwa auf der Linie Flensburg−Rendsburg−Ahrensburg. Dies entspricht ungefähr der Ostgrenze des in diesem Buch behandelten Gebietes. Das Landschaftsbild östlich dieser Linie, das als „Östliches Hügelland" bezeichnet wird, ist also von den landschaftsbildenen Kräften der letzten Eiszeit geformt worden.

Die Ursachen der wechselnden Kalt- und Warmzeiten liegen für die Forscher noch im Dunkeln. Verschiedene Hypothesen werden diskutiert: Änderung der Sonnenstrahlung, Neigung der Erdachse oder Veränderungen in der Zusammensetzung der Elemente in der Atmosphäre kommen als Gründe in Frage. Das letzte Argument erhält für uns besondere Aktualität durch die derzeitigen menschlich verursachten Klimaänderungen besonders durch den Anstieg des CO_2 in der Atmosphäre.

Die Kräfte, die während des Vorrückens der skandinavischen Eismassen wirksam wurden, waren erheblich. Während sich das Eis im Ursprungsgebiet über 3 000 Meter hoch auftürmte, erreichte es in Schleswig-Holstein immerhin noch Höhen von 300−500 Meter, was dem Gewicht von 300 bis 500 Autos pro Quadratmeter entspricht. Dieses Eis hat Erdmassen vor sich hergeschoben, die beim Abklingen der Kälteperiode an den Stellen liegenblieben, bis zu denen das Eis

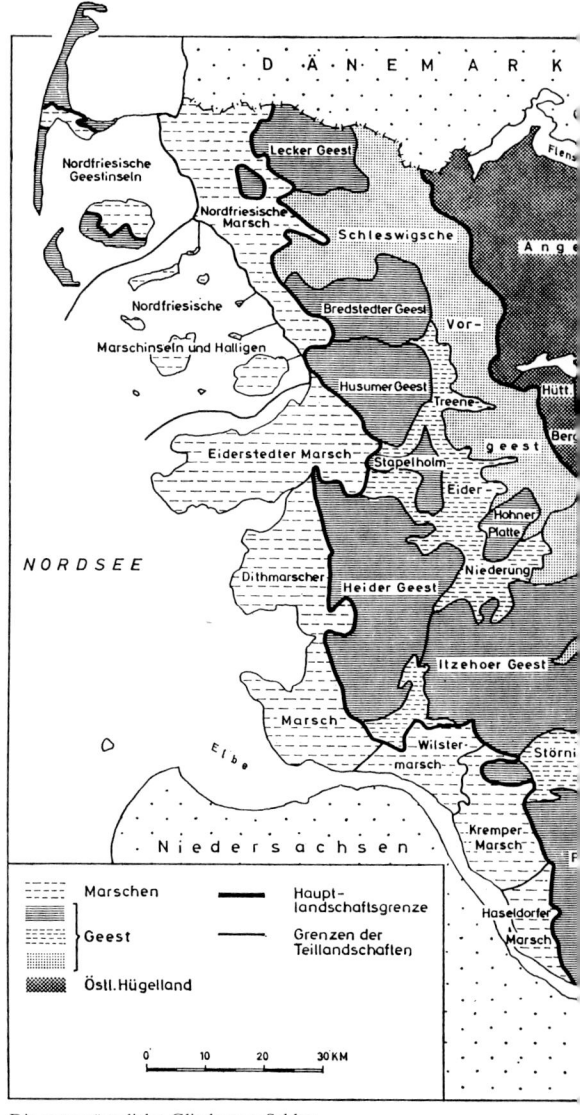

Die naturräumliche Gliederung Schleswig-Holsteins.

vorgerückt war. Sie konnten Höhen von über hundert Metern erreichen und werden als Endmoränen bezeichnet. Die Ablagerungen des Weichselglazials bezeichnet der Fachmann als „Jungmoränen", während er die aus dem Saaleglazial „Altmoränen" nennt. Letztere bilden in Schleswig-Holstein den Bereich der Hohen Geest, die zwischen den Jungmoränen und der Sandergeest der letzten Eiszeit und den Marschgebieten im Westen liegt.

Besonders schöne Beispiele für Endmoränenbildungen der letzten Eiszeit finden wir in den Fröruper Bergen südlich von Flensburg.

Zwischen den Jungmoränen der letzten Eiszeit und der Altmoränenlandschaft der Hohen Geest aus der vorletzten Eiszeit liegt die auch als Vor- oder Sandergeest bezeichnete Niedrige Geest. Diese sich in Nord-Süd-Richtung durch Schleswig-Holstein ziehende flache Sander-Landschaft ist ebenfalls eine Bildung des Weichselglazials. Schmelzwasser der abtauenden Eismassen haben an verschiedenen Stellen durch erheblichen Wasserdruck die Endmoränen durchbrochen und sich dann fächergleich über weite Gebiete ausgebreitet. Mitgeschwemmte Steine und Sandmaterialien wurden mit Nachlassen des Fließdrucks entsprechend ihres Gewichtes und ihrer Korngröße abgelagert. Der Name Geest leitet sich vom friesischen Wort „güst" ab, was „unfruchtbar" oder „karg" bedeutet. Die Hohe und besonders die Niedrige Geest auf der Mittellinie Schleswig-Holsteins sind also, wie ihre Namen andeuten, für die landwirtschaftliche Nutzung wenig geeignet. Hier erstrecken sich Heide, Moor und Nadelwald. Auf der Sandergeest vor den Jungmoränen lohnt sich durch die vielen Gesteinsablagerungen in besonderem Maße Kiesabbau.

Westlich des Östlichen Hügellandes und der Geest liegt mit dem Wattenmeer und dem Marschland an der Nordsee die dritte großräumige Naturlandschaft Schleswig-Holsteins.

Doch zurück in die Eiszeit. Neben den Endmoränen und Sanderbildungen haben die Kaltzeiten weiterer landschaftsgestaltenden Einfluß, vor allem beim Zurückweichen des Eises, gehabt. Der im Eis gebundene und am Grunde mitgeschleifte Moränenschutt wurde beim Abtauen als sogenannte „Grundmoräne" abgesetzt. Auch gibt es in der östlich gelegenen Grundmoränenlandschaft kleinere Sander und Endmoränen, da das Abtauen des Eises nicht kontinuierlich abgelaufen ist, sondern immer wieder kleine Zwischeneiszeiten zu kurzen Vorstößen einzelner Gletscher mit Endmoränenbildung geführt haben.

Die riesigen Inlandeismassen haben nicht nur die verschiedenen Böden des heutigen Schleswig-Holstein aus Skandinavien herangebracht, sondern auch Fossilien der verschiedenen Erdzeitalter und als kleine Kostbarkeit den Bernstein. Er stammt aus den Wäldern Mittelschwedens, wo er vor ungefähr 40 Millionen Jahren als Harz aus den Bäumen tropfte. Besonders Strandwanderer der Nord- und Ostsee haben ein wachsames Auge auf Bernsteinstücke, die vor allem nach schweren Stürmen aus der Steilküste oder vom Meeresgrund herausgespült werden.

Auch die als Findlinge bezeichneten Gesteinsbrocken, die vielfach wie hingeworfen in der Landschaft liegen, sind von den Eismassen aus Skandinavien herangeschleppt worden und beim Zurücktauen des Eises liegengeblieben. Sie können ein erhebliches Gewicht erreichen. Der größte Findling in Schleswig-Holstein ist der Riesenfels von Großkönigsförde am Nord-Ostsee-Kanal, der fast 200 Tonnen wiegt. Während der Steinzeit wurden die großen Findlinge für den Bau von Hünengräbern benutzt. Sie dienten aber auch als Bau-, Mauer- oder Gedenksteine.

Ein weiterer wichtiger landschaftsgestaltender Effekt der Eiszeiten war die Seenbildung. Mindestens 200 Seen sind zwar nacheiszeitlich verlandet, dessenungeachtet gibt es heute aber noch etwa 300 Seen in Schleswig-Holstein, das damit zu den wasserreichsten Landschaften Mitteleuropas gehört.

Neben Eisstauseen und sogenannten Toteislöchern (große in

der Landschaft verbliebene Eisblöcke, die ein Auffüllen der Senken mit Erdreich verhinderten) haben sich vor allem Zungenbecken- und Rinnenseen gebildet. Zungenbeckenseen entstehen, wenn bei erneutem Kälterwerden einzelne Gletscherzungen sich wieder vorarbeiten und Moränenschutt vor sich herschieben, diesen als neuen Endmoränenwall ablagern und davor eine Senke zurücklassen, die sich nach Abschmelzen des Eises mit Wasser füllt.

Rinnenseen entstehen durch die ausspülende Kraft des Schmelzwassers in sogenannten Eistunneln. Sie können als Seenkette ausgebildet sein oder einzeln liegen, wie z. B. der Langsee in Angeln, bei dem man sich die Entstehung aus einer eiszeitlichen Schmelzwasserrinne gut vorstellen kann.

Auch die Förden, die das Landschaftsbild der Ostsee in besonderer Weise gestalten und die Landschaft im Osten Schleswig-Holsteins gliedern, verdanken ihre Entstehung dem Wirken des Eises. Sich vorarbeitende Gletscherzungen haben sich ins Land geschoben und in Zusammenarbeit mit stark ausspülenden Schmelzwasserströmen die zum Teil sehr windungsreichen Förden gebildet. In unserem Gebiet zwischen Flensburg und Eckernförde haben wir drei solcher Förden: die Flensburger Förde, die Schlei und die Eckernförder Bucht. Durch den nacheiszeitlichen Meeresspiegelanstieg haben sich die Förden mit Meerwasser angefüllt. Dies leitet über zu den landschaftsgestaltenden Aktivitäten der Natur nach dem Zurückweichen des Eises.

Nacheiszeitliche Landschaftsgestaltung

Der durch das Abtauen der Eismassen bedingte Meeresspiegelanstieg und die Kräfte des Wassers haben insbesondere an den Küsten ihre Wirkung entfaltet und tun dies bis heute. An der Westküste haben Sedimentation, Sturmfluten und Landverlust zur Bildung von Marsch, Inseln, Halligen und Wattenmeer geführt. An der Ostküste wurden die Förden mit Wasser gefüllt, und es haben sich Steilufer, küstenparallele Sandbänke und Strandseen gebildet. An den Kliffs der

Auch der Riesenfels von Großkönigsförde ist durch die Eiszeit nach Schleswig-Holstein transportiert worden.
Er besitzt einen Umfang von 18 Metern,
ein Gewicht von annähernd 200 Tonnen
und ist damit der größte Findling im
Lande.

Steilküsten sorgen neben der Brandung auch Niederschlag und Quellwasser für den Abbruch des Erdreichs. Feine Sandmaterialien werden fortgespült, während Steine, besonders größere Findlinge, vor dem Steilufer abgelagert werden. Neben den aktiven Kliffs, an denen ein beständiger Abbruch stattfindet, gibt es sogenannte tote Kliffs, die von der Brandung nicht mehr erreicht werden. Zusammen nehmen sie an der Ostseeküste Schleswig-Holsteins eine Länge von circa 120 Kilometern ein.

Das Material des Steilküstenabbruchs wird als Strandwall oder Sandstrand angespült. Strömungen führen zur Bildung küstenparalleler Sandbänke und zur Ablagerung in oder vor die Buchten. Es können sich Haken und Nehrungen bilden. Wird die Bucht geschlossen, bildet sich aus dem Haff, das noch Verbindung zum Meer hat, ein Strandsee, der langsam aussüßt und verlanden kann. Eine Ausgleichsküste ist entstanden. Schöne Beispiele für Ausgleichsküsten finden wir in dem Stein- und Graswarder bei Heiligenhafen, an der Schleimündung und beim Schwansener See.

Für die Zukunft prognostizieren viele Fachleute durch die zunehmende durch den Menschen verursachte Erwärmung der Erdatmosphäre einen weiteren Anstieg des Meeresspiegels. Dies hätte für Schleswig-Holstein neue, verheerende landschaftsgestaltende Auswirkungen. Weite Bereiche des schleswig-holsteinischen Westens, aber auch die Küste der Ostsee, würden vom Meer überflutet, und es würden sich neue Küstenlinien ausbilden.

Deutsch-dänisches Hin und Her: zur Landesgeschichte

Schleswig-Holstein war über die Jahrhunderte die Brücke zwischen Nord und Süd, auf der sich insbesondere Dänen und Deutsche trafen, um miteinander, durcheinander und vor allem gegeneinander zu leben.

Doch beginnen wir mit den Anfängen, die, wie so oft, lange im Dunkeln lagen, und die auch bis heute nicht restlos aufgeklärt sind. Älteste Funde von Feuerstein-Abschlägen, die auf menschliche Besiedlung hinweisen, wurden von der Westküste gemeldet. Sie werden auf ein Alter von 90 000 bis 100 000 Jahre geschätzt.

Viele mögliche Hinweise auf frühere Besiedlung sind sicherlich von den Eiszeiten überrollt worden. Mit dem Rückzug der Eismassen kamen Rentierjäger ins Land, deren Anwesenheit durch eine Vielzahl von Funden aus der älteren Steinzeit belegt ist. Mit der zunehmenden Erwärmung wanderten verschiedene Baumarten in das Tundragebiet ein, und der Mensch der Mittleren Steinzeit (8 000 bis 4 000 v. Chr.) lebte als Jäger, Sammler und Fischer und begann bodenständig zu werden. Mit der Einführung von Ackerbau und Viehzucht wurde der Mensch in der Jüngeren Steinzeit endgültig seßhaft.

Die monumentalen Groß- oder Riesensteingräber, die auch als „Pyramiden des Nordens" bezeichnet werden, sind die bedeutendsten Zeugen dieser Zeit. In Schleswig-Holstein gibt es noch etwa 200 solcher Hünengräber unterschiedlichen Erhaltungs- und Restaurationszustandes. Die beigegebenen Keramikgegenstände weisen auf die Zugehörigkeit der Menschen zur Trichterbecherkultur. Während der auf die Steinzeit folgenden Bronzezeit (3 000 bis 1 000 v. Chr.) änderte sich der Bestattungsritus. Nun wurden große, hochaufgeschüttete Erdhügel, die mit einem Steinkreis umgeben waren, zur Totenbestattung benutzt. Von den etwa 4 000 in Schleswig-Holstein erfaßten bronzezeitlichen Grabhügeln sind viele inzwischen eingeebnet.

Das „Gold des Nordens", der Bernstein, war die wichtigste Handelsware, die besonders gegen Kupfer und Zinn getauscht wurde. Funde von Bernstein-Depots entlang der Handelswege, die zum Teil mehrere Zentner des nordischen Goldes umfaßten, weisen auf seine Bedeutung hin. Der religiöse Brauch, Kultgegenstände im Moor zu versenken, der sich bis in die Eisenzeit (ab ca. 1 000 v. Chr.) fortsetzte, hat uns eine Vielzahl von Kunst- und Gebrauchsgegenständen aus Bronze und Gold erhalten. Besonders bekannt sind die Funde vom Thorsberg bei Süderbrarup in Angeln aus der Zeit von 100 v. bis 400 n. Chr., die im Archäologischen Landesmuseum in Schleswig zu bestaunen sind. Dort sind auch die Moorleichen der Eisenzeit ausgestellt.

Allmählich tauchten erste schriftliche Meldungen griechischer und römischer Schriftsteller über die germanischen Stämme auf, von denen die „Germania" des Tacitus (um 98 n. Chr.) das römische Wissen von den Menschen und dem Land im Norden zusammenfaßt. Unter den vielen germanischen Völkern erwähnte Tacitus auch die Angeln, die zusammen mit den Sachsen im 5. Jahrhundert n. Chr. nach Britannien übersetzten und weite Teile der schleswig-holsteinischen Landschaft entvölkert zurückließen.

Zur Zeit Karls des Großen, also etwa um 800 n. Chr., besiedelten Jüten und Dänen den Norden der Halbinsel, im Westen lebten die Friesen, in Mittel- und Westholstein Sachsen, während in den Osten allmählich die Wenden, ein slavisches Volk, einwanderten. Mit Hilfe der Wenden gelang es Karl dem Großen, die Sachsen im Jahre 798 bei Bornhöved zu besiegen. In der Folgezeit wurde der Limes Saxoniae, der sich etwa von der Kieler Förde bis zur Elbe zog, die Grenze zwischen dem Machtbereich Karls des Großen und den Wenden im Osten. Zur gleichen Zeit errichtete der dänische König

Am 18. April 1864 konnten preußische Truppen die stark gesicherten Düppeler Schanzen (oben) der dänischen Armee in einer kriegsentscheidenden Schlacht erstürmen.
Christian I. von Dänemark (unten) wurde im Jahre 1448 zum dänischen König gewählt.

Göttrik im Norden an der Schlei den Handelsort Haithabu, der sich bis zu seiner endgültigen Zerstörung im Jahre 1066 durch die Slaven zu einem der bedeutendsten Handelsplätze Nordeuropas entwickelte. Das Danewerk, das die Landenge von der Schlei bis zu den unwegsamen Niederungen der Eider, Treene und Sorge im Westen abriegelte, wurde zur befestigten Südgrenze des dänischen Reiches. Reste des alten Handelsortes Haithabu und des Danewerks können heute noch besichtigt werden. Ein interessantes Museum informiert über die Zeit der Wikinger in Schleswig-Holstein und Nordeuropa (siehe: Der besondere Tip S. 172). Nach dem Ende Haithabus hat Schleswig noch einige Zeit dessen bedeutende Handelsfunktionen übernommen, wurde aber schon bald durch die „Königin der Hanse", Lübeck, abgelöst, das für lange Zeit den Ostseehandel an sich zog.

Der schnellen Ausbreitung des Christentums nach Norden folgte die Vertreibung der Slaven aus Schleswig-Holstein, nachdem im Jahre 1111 die Schauenburger als Grafen von Holstein und Stormarn eingesetzt worden waren. Den zunächst erfolgreichen Expansionsbestrebungen der Dänen in Richtung Süden wurde Einhalt geboten, nachdem der Schauenburger Graf Adolf IV. im Jahre 1227 in der Schlacht bei Bornhöved siegte. Durch diese Entscheidung auf schleswig-holsteinischem Boden wurde die Eider wieder die südliche Grenze Dänemarks, und zudem wurde hierdurch der Einfluß Dänemarks an der Ostsee zurückgedrängt.

Im 13.–15. Jahrhundert unterlag das Land nördlich der Eider abwechselnd Einflüssen der holsteinischen Grafen und dänischen Könige. Nach dem Tode des letzten Schauenburger Grafen wählten die schleswig-holsteinischen Räte im Jahre 1460 den dänischen König Christian I. zum gemeinsamen Landesherrn, allerdings unter der Auflage: „Dat se bliven ewich tosammende ungedelt". Der Zusammenhalt der beiden Territorien wurde unter der Maxime „Up ewich ungedelt" weiter vorangetrieben, wobei Schleswig zur dänischen Krone und Holstein zum deutschen Reich gehörten.

Die Aufteilung des Landes in Herrschaftsgebiete einiger Nebenlinien und besonders in den königlichen, den herzoglichen (Gottorfer) und den gemeinsam regierten Anteil führte im 17. und 18. Jahrhundert zu wachsenden Spannungen zwischen den dänischen Königen und den Herzögen von Gottorf. Als die Gottorfer im Jahre 1725 mit Herzog Karl Friedrich in Rußland einheirateten und der Sohn aus dieser Ehe, Peter Ulrich, als Peter III. den Zarenthron bestieg, machten sich in Dänemark große Sorgen breit. Als aber Zar Peter III. einem Attentat zum Opfer fiel, verzichtete seine Gemahlin Katharina II. auf die Gottorfer Ansprüche in Schleswig und Holstein. Dänemark hat im Gegenzug dazu seine Ansprüche in den Grafschaften Oldenburg und Delmenhorst fallengelassen. Gegen Ende des 18. Jahrhunderts gehörten Schleswig und Holstein bis auf wenige Ausnahmen, wie z. B. Lübeck, wieder zu Dänemark.

Das beginnende 19. Jahrhundert ist in Deutschland durch das Streben nach Nationalstaaten mit freiheitlichen Verfassungen gekennzeichnet.

Im Juli 1844 erklang auf einem Sängerfest in Schleswig zum ersten Mal „Schleswig-Holstein meerumschlungen ...“, das später zur Landeshymne wurde. Die Schleswig-Holsteiner wünschten sich einen Zusammenschluß der Herzogtümer in enger Gemeinschaft mit Deutschland. Im Jahre 1848, während in großen Teilen Europas Revolutionen wüteten, bildeten die Schleswig-Holsteiner in Kiel eine eigene provisorische Regierung. Preußen unterstützte Schleswig-Holstein in diesem Vorhaben, hielt sich aber später auf den Druck der Großmächte hin zurück. Nach verschiedenen Kampfhandlungen zwischen Dänen und Deutschen mußten die Schleswig-Holsteiner im Jahre 1850 in der Schlacht bei Idstedt eine herbe Niederlage einstecken.

Das Problem wurde im Jahre 1864 ohne direkte schleswigholsteinische Beteiligung entschieden, als preußische und österreichische Truppen in Schleswig-Holstein gegen Dänemark einmarschierten. Nachdem das dänische Heer sich vom

Danewerk zurückgezogen hatte und eine erste Schlacht bei Oeversee geschlagen war, erwarteten die Dänen den Feind in ihren gut ausgebauten Düppeler Schanzen bei Sønderborg vor der Insel Alsen. Die Schanzen wurden jedoch erstürmt, und der Krieg ging somit für Dänemark verloren, womit auch die 400jährige dänische Herrschaft über Schleswig-Holstein zu Ende ging. Nach Auseinandersetzungen zwischen den Verbündeten Österreich und Preußen in den Folgejahren wurde Schleswig-Holstein einschließlich Nordschleswigs preußische Provinz. Nach dem Ersten Weltkrieg wurde die Grenze nochmals verschoben, diesmal allerdings nicht durch kriegerische Handlungen, sondern infolge einer Abstimmung in den beiden Bezirken Nord- und Südschleswig, die von Dänemark gefordert wurde. Der nördliche Teil entschied sich mehrheitlich für eine Zugehörigkeit zu Dänemark, der südliche für den Verbleib in Deutschland, so daß damit die heutige Grenzziehung entstanden war. Zu beiden Seiten der Grenze verblieb jeweils eine dänische bzw. deutsche Minderheit. Flensburg verlor dadurch einen wichtigen Teil seines natürlichen Hinterlandes.

Nach dem Zweiten Weltkrieg kamen Hunderttausende Flüchtlinge aus dem Osten zunächst nach Schleswig-Holstein und fanden hier auch zum Teil eine neue Heimat im neu entstandenen Bundesland mit seiner Hauptstadt Kiel.

Nach jahrhundertelangen, zum Teil blutigen Auseinandersetzungen zwischen Dänen und Deutschen in und um Schleswig-Holstein, hat sich nun ein vorbildliches Mit- und Nebeneinander der beiden Nationen eingespielt. Im Grenzbereich werden die jeweiligen Minderheiten auf beiden Seiten respektiert.

Rückzug in die Schutzgebiete: zur Vogelwelt der Ostseeküste

Wenn der vogelkundlich Interessierte an Schleswig-Holstein denkt, werden ihm wohl zunächst die riesigen Schwärme der durchziehenden Vögel im Wattenmeer der Westküste einfallen oder der Vogel des Jahres 1994, der Weißstorch, dessen Population zwar bedrohlich zurückgegangen ist, der aber noch auf so einigen Hausdächern in schleswig-holsteinischen Dörfern nistet. Er denkt vielleicht auch an den beeindrukkenden Seeadler, der, von Vogelschützern gut bewacht, alljährlich mit einigen Paaren im Lande brütet und trotz der insgesamt positiven Tendenzen der Bestände in Schleswig Holstein noch als „vom Aussterben bedroht" gilt.

Andere Greifvögel wie Wanderfalke, Schrei-, Schlangen-, Stein- und Fischadler sind hier wie auch andernorts als Brutvögel durch direkte menschliche Nachstellungen und Lebensraumzerstörung aus unserer Landschaft verschwunden. Eine andere bereits im 19. Jahrhundert in Schleswig-Holstein ausgerottete nachtaktive Greifvogelart, der Uhu, konnte im Rahmen von Wiederansiedlungsprogrammen abermals hier heimisch werden und brütet seit 1981 regelmäßig zwischen Nord- und Ostsee.

Wenngleich die Naturräume Angeln und Schwansen vornehmlich durch landwirtschaftliche Nutzung geprägt sind, so finden wir hier dennoch eine Vielzahl anderer Lebensräume und Landschaftsstrukturen: Moore, Laubwälder, Tümpel sowie ein dichtes Knicknetz. Diese freistehenden Wallhecken, die die Agrarlandschaft in Schleswig-Holstein durchziehen, beherbergen eine vielfältige Pflanzen- und Tierwelt. Auffällig ist die reiche Singvogelwelt der Knicks mit Dorngrasmücke, Heckenbraunelle und Goldammer als häufigste Arten.

Als ökologisch besonders wertvoll und für den Ornithologen außerordentlich interessant gelten die Küstenbereiche der Ostsee. Die beiden Naturschutzgebiete „Geltinger Birk" und „Oehe-Schleimünde" in Angeln sind zwei für den Seevogelschutz besonders bedeutsame Gegenden. Aber auch an zahlreichen anderen Plätzen der nördlichen Ostseeküste Deutschlands bietet sich für den Vogelbegeisterten so manche Gelegenheit zu lohnenden natur- und vogelkundlichen Beobachtungen: an der Flensburger Förde mit der seit 1993 unter Naturschutz stehenden Halbinsel Holnis, im Tal der Langballigau, am Schwansener See und am Ufer der Eckernförder Bucht in Schwansen sowie entlang der Schlei mit ihren Ufern, Wasserflächen und zahlreichen kleinen Buchten, den Nooren.

Als die eigentliche Ostseemöwe und einer der Charaktervögel dieser Küste gilt die Sturmmöwe, die in einigen Tausend Brutpaaren entlang der Küste vorkommt. Das war allerdings nicht immer so. Im Jahre 1875 schrieb Joachim Rohweder in seinem Buch „Die Vögel Schleswig-Holsteins", daß die Sturmmöwe „bloß auf Sylt eine Brutkolonie hat".

Zu seiner Zeit war eine andere Möwenart, die auch heute noch häufig an der Küste brütet, dominierend: „Der Charaktervogel der Ostsee (. . .) ist die Lachmöwe. Ohne sie, deren zierliche Gestalt sich überall in der blauen Flut spiegelt, deren einfach prächtiges Gefieder auf dem Hintergrunde waldgekrönter Hügel scharf und leuchtend sich abhebt, würden unsere, freilich an und für sich schon so reizenden Ostseegestade doch einer Hauptzierde entbehren."

Die Lachmöwe, die kleinste unserer häufigen Möwen, ist durch ihr schwarzbraunes sommerliches Kopfgefieder und ihre geringe Größe leicht zu erkennen, wenngleich die sehr selten beobachteten Schwarzkopf- und Zwergmöwen ähnlich aussehen. Neben Lach- und Sturmmöwe ist die größere Silbermöwe ein wichtiger Brutvogel, der durch seine vielen miauenden, klagenden und bellenden Rufe und das oft laut vorgetragene „ga-ga-ga" für viele Küstenurlauber zum akustischen Hintergrund an Strand und Ufer gehört. Die größte heimische Möwenart, die Mantelmöwe, die sich wie die kleinere und an der Ostsee seltenere Heringsmöwe durch schwarzen Rücken und Flügeloberseiten auszeichnet, kann auch bisweilen am Ostseestrand beobachtet werden.

Den Möwen im Aussehen ähnlich und ebenfalls bedeutende Brutvögel der Küste sind die Seeschwalben, die durch ihren eleganten Flug, den gegabelten Schwanz, schlanke Flügel und dünnen Schnabel leicht von Möwen zu unterscheiden sind. Vier Arten lassen sich an der Ostsee beobachten:

Die größte ist die Brandseeschwalbe mit schwarzspitzigem gelbem Schnabel, die allerdings nur sehr sporadisch in den nördlichen Schutzgebieten brütet. Fluß- und Küstenseeschwalben, die beide einen roten Schnabel (bei der Flußseeschwalbe mit schwarzer Spitze) besitzen und für den ornithologischen Laien nicht so leicht zu unterscheiden sind, brüten mit einigen Hundert Paaren in den Schutzgebieten der Ostseeküste. Auf dem Wasser der Förden und am Meeresufer kann man sie oft beobachten, wie sie in elegantem Flug stoßtauchend nach Nahrung suchen. Die Küstenseeschwalben sind die Langstreckenzieher unter den Vögeln mit dem längsten Zugweg. Ihr Winterquartier liegt auf der südlichen Erdhalbkugel bis an die antarktische Packeiszone heran.

Die nur etwas mehr als mauerseglergroße Zwergseeschwalbe besitzt eine weiße Stirn bei der sonst üblichen schwarzen Seeschwalben-Kopfplatte und einen schwarzspitzigen gelben Schnabel. Sie brütet oft sehr wassernah im Sand oder Geröll des Strandes, wo die Eier und Jungvögel in den Gelegen einerseits durch Hochwasser, andererseits durch unachtsamen Besucher-Vertritt besonders gefährdet sind. Die Zwergseeschwalbe gehört heute zu den „stark gefährdeten" Vogelarten Schleswig-Holsteins.

Die Brandgans (früher auch Brandente) fällt durch ihr grünes Kopfgefieder und braunes Brustband auf. Sie brütet in Kaninchen- und Fuchsbauten entlang der gesamten Ostseeküste.

Eine wichtige Gruppe der verbreitet an Küsten lebenden Vögel sind die Watvögel, die sogenannten Limikolen, die, meist langbeinig und langschnäblig, gesellig in sumpfigem Gelände und in den Watten der Küste vorkommen. Ein auffälliger Brutvogel ist der Austernfischer mit seinem kontrastreichen, schwarz-weiß gefärbten Gefieder und roten Schnabel sowie seinem schrillen, durchdringenden Ruf, der etwa wie „kliep, kliep, kliep" klingt. Austern allerdings fischt er nicht, er ernährt sich vielmehr von bodenlebenden Würmern, anderem Kleingetier und Muscheln, die er mit seinem Schnabel aufzumeißeln vermag.

Der Säbelschnäbler besitzt einen nach oben gebogenen Schnabel, mit dem er zur Nahrungssuche im flachen Wasser hin und her säbelt. In den flachen Windwatten Schleimündes, die je nach Einfluß des Windes trocken liegen oder überflutet sind, findet der Säbelschnäbler günstige Nahrungsgründe, so daß in dem dortigen Naturschutzgebiet auch relativ hohe Brutbestände zu verzeichnen sind.

Der Rotschenkel, an dem orange-roten Schnabel und gleichfarbigen Beinen kenntlich, beeindruckt durch seinen melodisch jodelnden Gesang. Er brütet gern in den Salzwiesen der Ostsee, sucht aber oft auch die Nähe von Kolonien anderer Seevögel, z.B. der Seeschwalben, um in den Genuß des Schutzes durch die Koloniebrüter zu kommen. Auf feinen Sand- und Geröllflächen finden wir den kleinen Sandregenpfeifer, der zwar Einzelbrüter ist, aber mitunter auch Anschluß und möglicherweise Schutz bei anderen Koloniebrütern sucht. Der Sandregenpfeifer ist dafür bekannt, daß er mögliche Bodenfeinde seines Geleges durch gekonntes Flügellahmstellen von seinen Eiern und Jungvögeln weglockt.

Weitere Limikolenarten wie Kiebitz, Kampfläufer, Alpenstrandläufer, Seeregenpfeifer und Bekassine brüten nur sehr selten an der nördlichen Ostseeküste. Einige von ihnen sind eher im Binnenland anzutreffen.

Die Mehrzahl der Küstenvögel sind Bodenbrüter, die keine kunstvollen Nester bauen, sondern oftmals nur eine Mulde in

Der Säbelschnäbler (hier ein Jungvogel)
ist durch seinen langen, nach oben
gebogenen Schnabel unverkennbar. Mit
ihm durchsucht er das flache Wasser
in charakteristischer Weise nach
Nahrung: Er fächert im Flachwasser hin
und her, um kleine Tiere zu fangen.

den Sand drehen und diese mit Spülsaummaterial und Muschelschalen auslegen. Sowohl Eier als auch Jungvögel, die sich bei Gefahr an den Boden ducken, sind außerordentlich gut getarnt. Deshalb ist in Brutgebieten für Strandwanderer stets besondere Vorsicht am Boden geboten. Besonders wenn Altvögel versuchen, den Wanderer wegzulocken oder anzugreifen, sollte er vorsichtig sein: Mit großer Sicherheit befinden sich Eier oder Jungvögel in der Nähe. Die Mehrzahl der Küstenvögel haben sich ohnehin in die Schutzgebiete zurückgezogen, um Brut und Aufzucht der Jungen durchzuführen.

In den Schutzgebieten finden auch einige nicht küstenverbundene Vogelarten durch die relative Störungsfreiheit günstige Brutbedingungen vor. Hierzu gehören z. B. Höckerschwan, Graugans, Rothalstaucher, Gänse- und Mittelsäger, verschiedene Entenarten und Rohrweihe.

Als Charaktervogel der Steilküste der Ostsee gilt die Uferschwalbe, die hier in selbstgegrabenen Röhren lebt. Sie ist die kleinste unserer Schwalben und besitzt eine braune Ober- und helle Unterseite mit braunem Brustband, wodurch sie von der Rauchschwalbe mit ihrem langen Schwanzspieß und der Mehlschwalbe mit ihrem weißen Bürzel (auf der Rückenseite am Schwanzansatz) sowie ihrer rein weißen Unterseite gut zu unterscheiden ist.

Neben dem Brutgeschehen kommt der Ostseeküste auch besondere Bedeutung als Rast-, Durchzugs- und Überwinterungsgebiet zu. Der Greifvogelzug in der Geltinger Birk mag als Beispiel dienen: Hier können neben Wespenbussard, Rohr- und Kornweihe, Baumfalke und Milan auch so seltene Arten wie See- und Fischadler, Rotfuß- und Wanderfalke und Merlin beobachtet werden. Als Winterrastgebiet haben insbesondere die Förden herausragende Bedeutung für Singschwäne, Eider-, Schell-, Reiher-, Pfeif-, Trauer- und Eisenten. Aber auch Säger, Kormorane und Taucher können in großen Beständen beobachtet werden.

Viele charakteristische Vogelarten der Ostseeküste in ihren

typischen Lebensräumen lassen sich heute nur noch in Schutzgebieten dauerhaft erhalten. Dadurch wird aber nicht nur die interessante Tier- und Pflanzenwelt der Küste geschützt, sondern auch der besondere Erlebniswert der naturnahen Ostseelandschaft für den Menschen erhalten.

Flensburg und Angeln

Flensburg: die schöne Stadt an der Förde
Die nördlichste Stadt Deutschlands, das „Tor zum Norden",
vielen nur aufgrund der Punkte in der dortigen Verkehrssün-
derkartei des Kraftfahrtbundesamtes bekannt, ist mit ca.
87 000 Einwohnern die drittgrößte Stadt Schleswig-Holsteins. Die Rumstadt Flensburg ist ein über 700 Jahre alter
Handels- und Hafenort, der günstig am Ende der 34 Kilometer langen Flensburger Förde gelegen ist. Heute sind etwa
20 Prozent der Bevölkerung dänischsprachig, und Flensburg
ist somit gewiß die am meisten dänisch beeinflußte Stadt
Deutschlands. Dafür war Flensburg über lange Zeit die
deutscheste Großstadt des dänischen Reiches. Die Minderheiten beiderseits der Grenze sind akzeptiert, und das fried-
liche Zusammenleben der beiden Nationen im Grenzbereich
funktioniert – wenngleich der Weg dahin ein weiter und
beschwerlicher war, denkt man an die zahl- und verlustreichen deutsch-dänischen Auseinandersetzungen.
Erste Ansiedlungen im Bereich der Flensburger Förde gab es
wohl bereits vor 1200 um die älteste Kirche Flensburgs, St. Jo-
hannis. Im Jahre 1284 erhielt der Ort Lübisches Stadtrecht.
Anfang des 15. Jahrhunderts ließ Königin Margarethe I. von
Dänemark die Duborg, eine schloßartige Festung errichten,
aber die alleinige dänische Vormachtstellung konnte nicht
mehr gehalten werden. Ab etwa 1450 wurde in Flensburg
vorwiegend deutsch gesprochen.
Mit dem Niedergang der Hanse begann der Aufschwung der
Stadt an der Förde, und bis zum Dreißigjährigen Krieg war
Flensburg die größte Ostseehandelsstadt Dänemarks. Die
nachfolgenden Kriegszeiten machten Flensburg arm, und
erst im letzten Viertel des 18. Jahrhunderts erlebte das Gemeinwesen durch den Westindienhandel mit Rohrzucker und

Flensburg, die nördlichste Stadt
Deutschlands, liegt idyllisch an der
Flensburger Förde. Es unterstand lange
Zeit der dänischen Krone und ist
heute noch immer kulturell und wirt-
schaftlich eng mit dem nördlichen
Nachbarn verbunden.

die auch heute noch bedeutsame Rum- und Branntweinver-
arbeitung einen neuerlichen Aufschwung.

Bei der Erhebung Schleswig-Holsteins gegen die Dänen
stand Flensburg seinen Bundesgenossen zunächst nur halb-
herzig bei, wurde aber nach den Kämpfen von Oeversee und
Düppel im Jahre 1867 preußisch. Nach dem Ersten Weltkrieg entschied sich Flensburg in einer Abstimmung für eine
Zugehörigkeit zu Deutschland, verlor aber dadurch sein
nördliches Hinterland, das zu Dänemark kam, und wurde
Grenzstadt. In gewisser Weise endete der Zweite Weltkrieg
in Flensburg, da die hierher geflohene Reichsregierung von
der Marineschule Mürwik aus am 7. Mai 1945 die Kapitula-
tion des Dritten Reiches verkündete.

Da Flensburg von den Zerstörungen des Zweiten Weltkriegs
weitgehend verschont geblieben ist, finden wir in der Altstadt noch viel schöne alte Bausubstanz, die zu großen Teilen
in den letzten Jahren, auch in Hinterhöfen und Seitengassen,
liebevoll renoviert worden ist. Ein lohnender Stadtrundgang
vom Nordertor über Norderstraße, Große Straße und Holm
bis zur Roten Straße führt an den meisten Sehenswürdigkeiten vorbei und läßt sich mit einem Einkaufsbummel gut verbinden.

Wir beginnen am Nordertor, dem Wahrzeichen der Stadt,
das im Jahre 1595 erbaut worden ist und über dem Torbogen
das Stadtwappen sowie das königlich dänische Wappen zeigt.
Unweit des Tores vermittelt der Verein „Phänomenta" Phy-
sik als sinnliches Erlebnis (☎ Science Center: 04 61 / 18 06 85).
In der Norderstraße 86 liegt ein typischer Handelshof aus
dem 18. Jahrhundert, kurz dahinter (Nr. 76) das Flensborg-
Hus, das im Jahre 1724 aus Steinen der abgerissenen Duborg
errichtet wurde und zunächst Waisenhaus war. Unten am
Hafen liegt das Schiffahrtsmuseum (Schiffbrücke 39) mit
wertvollen maritimen Gegenständen zur Flensburger Schiff-
fahrtsgeschichte. Hier befinden sich auch der Museumshafen
und der Liegeplatz des alten Dampfers Alexandra, der besichtigt werden kann (☎ 04 61 / 81 12 47).

Über die rechts abgehende Marientreppe kann man vom ehemaligen Standort der Duborg einen herrlichen Ausblick auf die Stadt genießen. Vorbei am Alt-Flensburger Haus (Norderstr. 8) sollten Sie einen Blick in die Kompagniestraße mit schönen Fachwerkhäusern und dem 1602 erbauten Kompagnietor werfen. Hinter der Marienkirche (Baubeginn 1284) mit ihren eindrucksvollen Glasfenstern erreichen wir den Nordermarkt mit dem Neptunbrunnen von 1758.

Die 1386 erbaute Heilig-Geist-Kirche ist heute das Gotteshaus der dänischen Gemeinde. In der Großen Straße 24 (Hof) liegt der Westindienspeicher von 1791, der an Flensburgs große Zeit als Rumhandelsplatz erinnert. In der Speicherlinie 40 befindet sich der Sitz des Verkehrsvereins für Flensburg und Umgebung. Etwas abseits zur Rechten steht am Lutherplatz das Städtische Museum mit seinen Schwerpunkten Stadtgeschichte und kunst- und kulturgeschichtliche Entwicklung der Grenzregion. Holm 10 zeigt eine restaurierte Fassade von 1853 und Holm 19/21 ist die Adresse des letzten noch erhaltenen Handelshofes aus dem 16. Jahrhundert. Wir erreichen den Südermarkt mit der von 1390 bis 1480 erbauten Nikolaikirche, die eine Bronzetaufe von 1497 und die größte Orgel des Landes besitzt.

Über die Angelburger Straße kommen wir zur St.-Johannis-Kirche, dem ältesten Gotteshaus der Stadt, eine Feldsteinkirche aus dem 12. Jahrhundert mit reich bemalten Gewölben. Unweit davon, in Süderhofenden 40−42, liegt das Naturwissenschaftliche Heimatmuseum der Stadt Flensburg, das neben der heimischen Tier- und Pflanzenwelt auch Themen wie Ökologie, Artenschutz und Geologie des Gebiets behandelt.

Zurück am Südermarkt erreichen wir über die Rote Straße mit ihren schönen Innenhöfen, Restaurants und Galerien das Kloster zum Heiligen Geist, ein Franziskanerkloster aus dem 13. Jahrhundert, das heute Altenheim ist. Hier finden wir auch das Deutsche Haus und seinen großen Konzertsaal, die letzte Station der Stadtwanderung.

Wiesen, Weiden und Felder, in die einige Gehölze und Knicks eingestreut sind, prägen die sanft hügelige Landschaft Angelns.

Von Flensburg aus kann man verschiedene Schiffsfahrten auf der Förde unternehmen. Informationen über einige nahe und weiter entfernte Wander- und Radwandermöglichkeiten um Flensburg gibt es beim Fremdenverkehrsverein.

Das beliebte hügelige Land Angeln

Die Landschaft zwischen Schlei und Flensburger Förde, die bereits bei Tacitus lobende Erwähnung fand, wurde auch in späterer Zeit wohlwollend dargestellt. So schrieb etwa der Husumer Landeskundler Caspar Danckwerth im Jahre 1652: „In Angeln hat es eine feine Gegend, vorab an dem herrlichen Schleistrom, also daß die Einwohner große Ursache haben, Gott dem Herrn hohen Dank zu sagen für das gute Land (. . .)."

Die etwa 1000 Quadratkilometer große Landschaft Angeln besitzt über 100 Kilometer Küste an ihren Grenzen, davon liegen 50 Kilometer an der Flensburger Förde, 16 an der Ostsee und 40 an der Schlei. Die Westgrenze liegt etwa auf der Linie Flensburg—Schleswig. Die eiszeitlich geformte, liebliche und leicht hügelige, mit Knicks durchzogene Region ist vorherrschend bäuerlich strukturiert und besitzt keine landschaftlichen Extreme, allerdings weit ins Land gehende Förden und reizvolle Küstenabschnitte. Auf den Weiden grasen vor allem die nach der Landschaft benannten braunen Angeliter Rinder. Ebenfalls nach dieser Landschaft benannt sind die Angler Sattelschweine, die heute allerdings zu den gefährdeten Haustierrassen zählen, obwohl sie in der Nachkriegszeit einen wichtigen Beitrag zur Ernährung der Bevölkerung leisteten. Bis ins hohe Mittelalter bedeckten ausgedehnte Laubwälder das Land, von denen aber fast nichts übriggeblieben ist.

Nachweise einer frühen Besiedlung in Angeln gibt es seit der Älteren Steinzeit (vor 15000 Jahren). Zeugnisse aus der Jüngeren Steinzeit, in der die Menschen seßhaft wurden, sind allerdings zahlreicher. Insbesondere die vielen Riesensteingräber erinnern an die frühen Siedler in dieser Landschaft.

Bekannt sind das Megalithgrab bei Stenderup-Poppholz, nahe der B 76, und die auch als „Räuberhöhle" bezeichnete Grabkammer südlich von Idstedt. Zahlreiche wertvolle Funde, besonders im Satrupholmer und im Thorsberger Moor bei Süderbrarup, machen Angeln zu einer der archäologisch bestuntersuchten Landschaften Mittel- und Nordeuropas.

Zur Zeit der Völkerwanderung verödete Angeln. Auf Booten, ähnlich dem im Schleswiger Museum ausgestellten Nydam-Boot, verließen die Angeln und nach ihnen die Sachsen und Jüten von 449 bis etwa 500 n. Chr. ihre Heimat in Richtung Britische Inseln. Einer der Ursprünge des britischen Weltreichs liegt also in der Landschaft Angeln. Angeln selbst blieb für etwa vier Jahrhunderte fast menschenleer, bis ungefähr zur Zeit Karls des Großen das Gebiet von Wikingern besiedelt wurde, die Haithabu an der Schlei zu einer der bedeutendsten Städte ihrer Zeit in Europa machten.

In der Folgezeit besiedelten Jüten auf dem Landweg das Gebiet, aber auch Holsteiner drangen nach Norden über Eider und Schlei vor. Zwei Jahrhunderte waren vom Kampf der Holsteiner Grafen und des dänischen Königs um das Herzogtum Schleswig gekennzeichnet, in dessen Folge Christian I. von Dänemark im Jahre 1460 das „Up ewich ungedelt" in Riepen beschwören mußte, das eine enge Bindung von Holstein und Schleswig bedeutete. Angeln war in der Folgezeit eine Landschaft, in der sich Dänisches und Deutsches mischte. Während im 16. Jahrhundert unter König und Herzog Angeln zu einigem Wohlstand kam, waren das 17. und beginnende 18. Jahrhundert durch Kriege und Seuchen gekennzeichnet, die ganze Dörfer wüst werden ließen. Die Geschichte Angelns im 19. Jahrhundert war von der Frage bestimmt, ob es dänisch oder deutsch werden sollte.

Das Angeldänische, das lange Zeit Umgangssprache war, ging Anfang des 19. Jahrhunderts deutlich zugunsten des Niederdeutschen, das schon immer die Schrift- und Umgangssprache der höheren Schichten gewesen war, zurück.

Mit Beginn der preußischen Zeit sprachen nur noch wenige Menschen in Angeln angeldänisch.

Zahlreiche Kampfhandlungen der Kriegsjahre, so bei Missunde, Oeversee und Idstedt, fanden hier statt. Die Region wurde preußisch und erlebte im kaiserlichen Deutschland 43 Friedensjahre bis zum Beginn des Ersten Weltkriegs. Nach dem Zweiten Weltkrieg kamen zahlreiche Heimatvertriebene hierher, die zum Teil auch für immer blieben. In der Notstandszeit nach dem Krieg erhielten die politischen Vertretungen der dänischen Minderheit im Landesteil Schleswig enormen Zulauf, der aber in der friedlichen Folgezeit rasch wieder abflaute.

Heute ist die Vertretung der dänischen Minderheit in Deutschland, der Südschleswigsche Wählerverband (SSW), nach wie vor im Kieler Landtag vertreten, und es gibt mehrere dänische Schulen im Norden Schleswig-Holsteins.

Das 20. Jahrhundert ist in Angeln besonders durch die Intensivierung der Landwirtschaft bestimmt. In neuerer Zeit gewinnt der Fremdenverkehr zunehmend an Bedeutung.

Angeln hatte schon im Mittelalter 40 Kirchen, und es gibt wahrscheinlich nur wenige Landschaften, die eine derartige Dichte von schönen, alten Dorfkirchen aufzuweisen haben. 36 der Kirchen Angelns wurden um das Jahr 1200 im romanischen Stil erbaut. Neben Feld- und Quaderstein wurde auch Backstein als Baumaterial verwendet. Von den vielen Kirchen mit ihren zum Teil interessanten Ausstattungen werden wir auf den einzelnen Touren einige kennenlernen.

Neben den Gotteshäusern gibt es auch eine ganze Reihe bedeutender Profanbauten in Angeln. Zu den herausragenden Gebäuden gehört das 1582 bis 1587 von Herzog Hans d. J. anstelle des ehemaligen Rudeklosters erbaute Schloß Glücksburg. Die Initialen seines Wahlspruchs „Gott gebe Glück mit Frieden" – G.G.G.M.F. – stehen noch heute über dem Eingangsportal. Das Wasserschloß ist nicht nur ein bedeutender Spätrenaissancebau, er spielt auch in der Landesgeschichte eine wichtige Rolle und ist noch heute im Be-

Die St. Wilhadi Kirche von Ulsnis am Nordufer der Schlei ist ein romanischer Feldsteinbau. Sie ist eine von weit über 30 Kirchen, die bereits um das Jahr 1200 in Angeln errichtet wurden.

sitz der herzoglichen Familie. König Christian IX. von Dänemark (1818−1906) aus dem Hause Schleswig-Holstein Son-
derburg-Glücksburg gilt im Volksmund als „Schwiegervater
Europas", da seine Kinder in die Königshäuser von Schwe-
den, England, Rußland und Deutschland einheirateten.

Den quadratischen, auf einem Granitsockel errichteten Bau
mit seinen vier achteckigen Türmen erreicht man über einen
Damm, an dessen Stelle früher eine Brücke stand. Ein Teil
der wieder prachtvoll eingerichteten Räume und die Schloß-
kapelle können besichtigt werden (Stiftung Schloß Glücksburg: ☎ 0 46 31 / 22 43).

Weitere wichtige Gutshöfe und zum Teil schloßähnliche Herrenhäuser in Angeln sind Lindau, das älteste Herrenhaus,
Dollrott, Roest, Grünholz, Drült, Rundhof, Buckhagen,
Oehe und Gelting, das heute mit rund tausend Hektar das
größte Gut Angelns ist.

Neben den größeren Museen in den Städten und der
Gedächtnishalle bei Idstedt, die an die Schlacht von 1850
erinnert, gibt es in Angeln eine Vielzahl kleiner Dorfmuseen
und volkskundlicher Sammlungen. Bei der Kulturstiftung
des Kreises Schleswig-Flensburg (Di.−So. 10.00−16.00 Uhr;
☎ 0 46 36 / 10 21) ist ein Faltblatt mit einer Übersicht über die
volkskundlichen Sammlungen und Mühlen im Kreis Schleswig-Flensburg erhältlich. Ein neues Landschaftsmuseum in
Angeln, das das ganze Dorf mehr oder weniger mit einschließt, ist in Unewatt an der B 199, nahe Langballig, entstanden.

In Angeln, das sich für abwechslungsreiche Küstenwande-
rungen und weite Radtouren durch einsame Ackerlandschaf-
ten anbietet, gibt es neben einigen Landschaftsschutzgebie-
ten zehn Naturschutzgebiete, die wir mit Ausnahme des Na-
turschutzgebietes „Düne am Treßsee" südlich von Flensburg
sämtlich auf den einzelnen Touren durch Angeln und an der
Schlei kennenlernen.

Wanderung

Fröruper Berge

Entfernung: ca. 5 km; Wanderdauer: eine reichliche Stunde

Die Fröruper Berge, eine abwechslungsreiche Stauchendmoränenlandschaft, besitzen neben gut entwickelten Buchen- und Eichenwaldbeständen verschiedene Feucht- und Trokkenlebensräume. Wälder, freie Wasserflächen, Hochmoorreste, Flächen mit Birkenaufwuchs und Heidemoorbereiche liegen eng benachbart und bieten dem Wanderer eine interessante, vielgestaltige Landschaft, die bereits seit 1936 als ca. 90 Hektar großes Naturschutzgebiet „Fröruper Berge" unter Schutz gestellt worden ist.

Das Gebiet ist sowohl über die Autobahn nach Flensburg (Abfahrt Tarp) als auch über die B 76 gut erreichbar. Die Ortschaft Frörup liegt etwas südlich von Oeversee an der B 76. Von hier weisen Schilder den Weg zu den Fröruper Bergen. Der Ort Oeversee mit seiner romanischen Feldsteinkirche ist besonders durch das Gefecht vom 5. Februar 1864 bekannt geworden. Die Schlacht, die bei Schneesturm auf vereisten Feldern zwischen dänischer Nachhut und den österreichischen Teilen des deutschen Bundesheeres ausgetragen wurde, führte zu großen Verlusten auf beiden Seiten. Nach der Wanderung können Sie im Romantik Hotel „Historischer Krug" des Ortes (☎ 0 46 30 / 3 34), an der B 76 gelegen, zu gutem Essen einkehren.

Vom Wandcrparkplatz aus gehen wir zunächst über die gehölzbestandene Fläche mit Spielgeräten und Grillmöglichkeiten zu einem kleinen Schutzdach. Hier wenden wir uns nach rechts und kommen an einer Waldschutzhütte vorbei auf einen Asphaltweg. Auf diesem Weg gehen wir links über einen kleinen Parkplatz mit Wandertafel, wo er in einen Schotterweg übergeht. Schon bald tauchen rechter Hand die ersten Feuchtbereiche und wenig später das Budschimoor zwischen den Bäumen auf. Das Moor wurde durch Aufstaumaßnahmen in einen vergleichsweise naturnahen Zustand zurückversetzt. Auf seinen offenen Flächen kommt das

Zur Zeit der Wollgrasblüte ist das schön in die umgebende Landschaft einge- bettete Budschimoor der Fröruper Berge besonders eindrucksvoll.

Bleichmoos (Sphagnum) in dichten Beständen vor, ebenso das Wollgras, das besonders zur Blütezeit im Frühjahr ein beeindruckendes Bild abgibt. Von verschiedenen Stellen aus hat man über das Moor, das sehr reizvoll in die umgebende Waldlandschaft eingebettet ist, einen schönen Überblick. Auf dem Weg halten wir uns stets mehr oder weniger geradeaus und biegen nicht ab.

Wir verlassen das Moor und wandern durch Feucht- und Heidebereiche, in denen neben Glockenheide und Besenheide auch andere Ericaceen, wie Blau- und Moosbeere, vorkommen. Daneben finden sich verschiedene Gehölze wie Birken, Faulbäume, Zitterpappeln und Eichen, die an den trockeneren Stellen langsam aufwachsen. Ohne Herausnahme der Gehölze durch Beweidung oder Mahd würden diese auf natürliche Weise im Laufe der Zeit einen Wald bilden, so daß der Erhalt von Heide und Moor in der Regel nicht ohne menschliches Eingreifen auskommt. In den feuchten bis nassen Senken, in denen beispielsweise das Wollgras steht, haben die Gehölze meist keine Existenzmöglichkeiten und verkümmern oder sterben ab.

Alsbald führt uns der Weg durch den Wald bzw. am Waldrand entlang. Wir überblicken die zur Treene entwässernde Niederung des Ihlseestromes und erreichen wieder den Asphaltweg, auf dem wir links auf der Straße zurück zum Parkplatz gehen können. Wir können aber auch zunächst den Weg zurückgehen, den wir gekommen sind. Nach dem Überqueren eines kleinen Baches wenden wir uns nach links und ersteigen die 50 Meter hohe Anhöhe. Der Weg führt an der Bergoberkante entlang zurück zum Parkplatz. Von dort oben hat man einen schönen Überblick über die umliegende Landschaft. Früher lagen hier mehr Moränenbereiche, die aber durch Kies- und Sandgewinnung im Laufe der Zeit abgetragen wurden. In älteren Karten noch eingetragene Grill- und Spielplätze sowie Natur- und Trimmpfad im Naturschutzgebiet sind inzwischen aus Gründen des Naturschutzes entfernt worden.

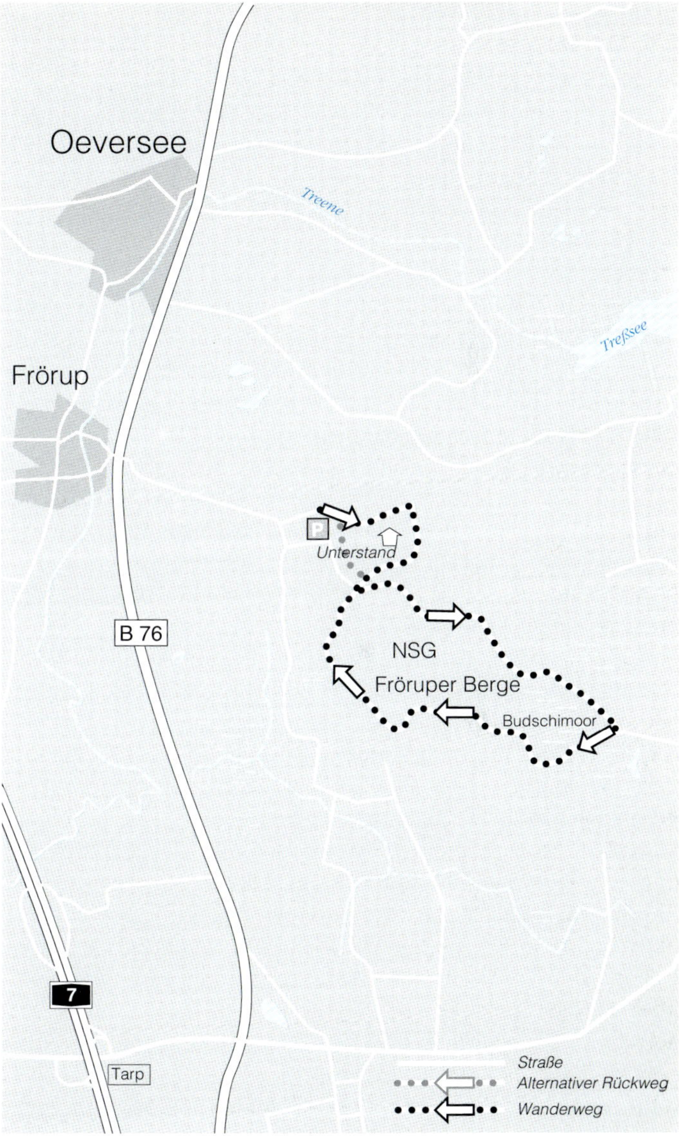

Oeversee

Treene

Treßsee

Frörup

B 76

Unterstand

NSG
Fröruper Berge

Budschimoor

7

Tarp

Straße
Alternativer Rückweg
Wanderweg

Wanderung

Am Scheersberg

Entfernung: ca. 8 km; Wanderdauer: ca. 2 Stunden

Wenngleich der Scheersberg mit einer Höhe von 71 Metern nach dem Höckeberg (82 Meter) bei Kleinwolstrup lediglich die zweithöchste Erhebung Angelns ist, so hat man von diesem mit dem darauf errichteten 31 Meter hohen Bismarckturm doch den besten Überblick über die Landschaft Angelns bis weit nach Dänemark hinüber.

Auf der B 199 von Flensburg nach Kappeln muß man vor dem Ort Steinbergkirche bei Nübelfeld rechts Richtung Quern abbiegen. Wer den Rundblick-Besuch auf dem Bismarckturm mit einer kleinen Wanderung verbinden will, fährt zunächst am Scheersberg vorbei nach Quern und hält an der Kirche des Ortes. Die sehenswerte Kirche wurde im Verlauf des 13. Jahrhunderts aus Feldsteinen, Granitquadern und Ziegeln erbaut. Die moderne Ausmalung der Kirche wurde im Jahre 1958 von Ernst Günther Hansing vorgenommen, auch Reste der mittelalterlichen Bemalung sind noch zu sehen.

Von der Querner Kirche ausgehend, beginnen wir die Wanderung, indem wir links in die Geltinger Landstraße einbiegen, uns allerdings sogleich Richtung Kleinquern rechts halten. Auf einem kleinen Knickweg erreichen wir die Siedlung und gehen die erste Möglichkeit rechts, und schon bald kommt der Bismarckturm in Sichtweite. An der kreuzenden Hauptstraße wenden wir uns rechts zum Scheersberg, an dem vorbei wir die Wanderung geradeaus Richtung Quern bereits nach drei Kilometern wieder beenden können. Für die noch Wanderfreudigen jedoch geht der Weg nach dem Besuch des Turms später schräg gegenüber Richtung Hattlund weiter.

Mit dem Jugendhof, der Turnhalle und dem Wallroth-Haus gehört der Scheersberg, besonders für die Jugend, zu den kulturellen Mittelpunkten Angelns. Den Schlüssel zum Turm erhält man gegenüber im Fitneß-Center mit Imbiß. Im Auf-

Der Blick vom Scheersberg Richtung
Norden zeigt die typische knick-
durchsetzte Landschaft Angelns und die
Flensburger Förde im Hintergrund.

gang des Turmes hängt eine Marmortafel mit der Inschrift: „Zur Erinnerung an den ersten deutschen Reichskanzler Fürst von Bismarck wurde dieser Turm von der Landschaft Angeln und den anliegenden Städten erbaut in den Jahren 1900–1903." Die Eingravierungen an den Granitsteinen des Turmes erinnern an die vielen Spender, die einen Beitrag zur Errichtung des ohne staatliche Zuschüsse finanzierten Baus geleistet haben. Von dem Turm, auf dessen Plattform man sich etwa 100 Meter über dem Meeresspiegel befindet, hat man einen beeindruckenden Blick über die Angeliter Landschaft, über die Flensburger Förde bis nach Dänemark, an klaren Tagen sogar bis zu den Hüttener Bergen und zum Schleswiger Dom. Sehr schön kann man das die Landschaft durchziehende Knicknetz (freiwachsende Wallhecken) erkennen, das in früheren Zeiten hier, genauso wie in ganz Schleswig-Holstein, erheblich dichter gewesen ist. Der Scheersberg, eine alte Thingstätte, war in vor- und frühgeschichtlicher Zeit ein wichtiger Treffpunkt. Zahlreiche Gräber der Jungsteinzeit bis zur Epoche der Wikinger, die aber zerstört sind, lagen im Umfeld der Erhebung.

Nach der Turm-Besichtigung geht die Wanderung an der Abzweigung Hattlund weiter. Vorbei am Gasthaus „Drei Kronen" gehen wir an einem Linksknick der Straße geradeaus weiter. Ab hier ist sie für den Kraftfahrzeugverkehr gesperrt. An der B 199 müssen wir nach rechts ein Stück bis Steinbergkirche entlanggehen, wo wir uns gleich rechts Richtung Hattlundmoor halten. Die Kirche von Steinbergkirche ist ein romanischer Feldsteinbau vom Ende des 12. Jahrhunderts, der im 18. Jahrhundert barock verändert wurde. Sehenswert sind der dreiflügelige Schnitzaltar vom Ende des 15. Jahrhunderts und das Votivschiff, das dem Großsegler auf hoher See Segen bringen sollte.

Unsere Wanderung setzen wir, rechts an der Touristen-Information von Steinbergkirche vorbei, fort. Nach dem Landgasthof „Am Wasserwerk" macht die Straße einen weiteren Rechtsknick, dem wir folgen, und führt dann zurück zur Kir-

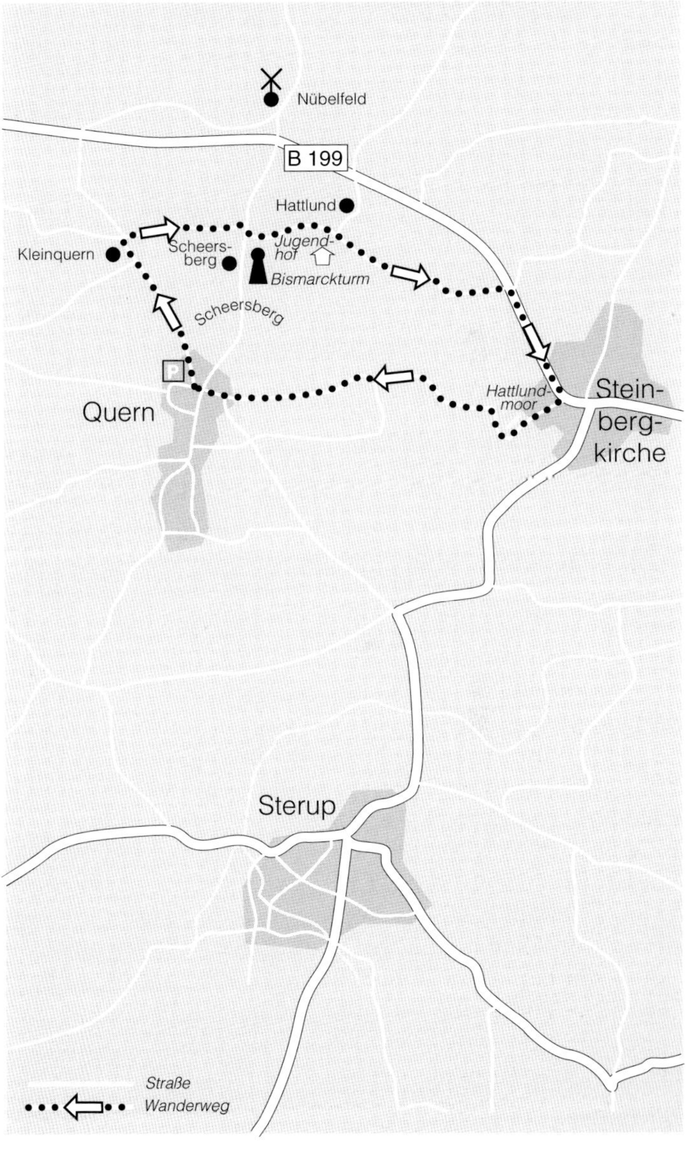

Nübelfeld

B 199

Hattlund

Kleinquern

Scheers-berg

Jugend-hof

Bismarckturm

Scheersberg

Quern

Hattlund-moor

Stein-berg-kirche

Sterup

Straße

Wanderweg

che in Quern, die man geradeaus in der Ferne schon erkennen kann. Die Kirche, die linker Hand in der Ferne zu sehen ist, ist die von Sterup, eine Backsteinkirche aus dem frühen 13. Jahrhundert, die im Mittelalter einen spätgotischen Chor erhielt und 1887/88 um ihren neugotischen Westturm erweitert wurde.

Wollen Sie nach der Wanderung noch einkehren, so empfiehlt sich das Landhaus „Schütt" (☎ 0 46 32 / 3 18, Montag Ruhetag, Tischreservierung erbeten), das auf dem Rückweg zur B 199, kurz vor der Bundesstraße in Nübelfeld, auf der rechten Seite liegt.

Wanderung
Geltinger Birk
Entfernung: ca. 12 km; Wanderdauer: ca. 3 Stunden
Die heute als Halbinsel am Ende der Flensburger Förde in die Ostsee ragende Geltinger Birk wurde bereits im Jahre 1934 unter Schutz gestellt. Nach Änderungen der Verordnungen von 1952 und 1986 umfaßt das Naturschutzgebiet seither eine Fläche von 773 Hektar. Seine Landanteile wurden zusammen mit einzelnen Randbereichen von der Stiftung Naturschutz des Landes Schleswig-Holstein aufgekauft und konnten damit für den Naturschutz gesichert werden. Der Ankauf weiterer Flächen ist geplant.

Wir finden in diesem Gebiet eine reiche Auswahl unterschiedlicher Lebensräume, darunter besonders gefährdete Biotope des Ostseestrandes wie Salzwiesen, Dünen und Strandwälle, aber auch Eichenkratts und verschiedene Moore. Hieraus resultiert eine ebenso reiche Tier- wie Pflanzenwelt. In älteren Untersuchungen konnten hier rund 380 Arten von Farn- und Blütenpflanzen nachgewiesen werden. Etwa 150 Vogelarten, darunter zahlreiche Brutvögel, und eine interessante Wirbellosenfauna, besonders der Käfer und Spinnen, können in der Geltinger Birk angetroffen werden. Seit 1977 betreut der Naturschutzbund Deutschland (NABU), früher Deutscher Bund für Vogelschutz (DBV),

Die Windflüchter-Eiche in der Geltinger
Birk zeigt deutlich, welchen Einfluß
Wind, Salz und Wetter auf das Über-
leben und Wachstum der Pflanzen
an der Küste haben.

das Gebiet. Sie erreichen den Ort Gelting auf der B 199 von Flensburg oder Kappeln kommend. Von hier fahren Sie Richtung Goldhöft und folgen den Schildern „Zur Birk". Am Parkplatz stehen Infotafeln, die über Seevogelschutz, Wanderwege und Führungen informieren. Führungen mit ornithologischem Schwerpunkt werden vom NABU durchgeführt (☎ 04 61 / 4 69 22 oder 0 43 21 / 5 37 34).

Die Wanderung führt auf dem Deich gleich zur ersten Attraktion, dem weithin sichtbaren Wahrzeichen der Geltinger Birk: der Erd-Holländer-Mühle „Charlotte". Diese heute in Privatbesitz befindliche Windmühle diente neben dem Kornmahlen vor allem der Entwässerung des Landes. Der in den Jahren 1821 bis 1828 errichtete Deich vom Goldhöftberg nach Beveroe, auf dem wir wandern, trennte das Beveroer Noor, die heute zur Rechten liegende Niederung, von der Ostsee ab. „Charlotte" und eine weitere nicht mehr existierende Mühle weiter nördlich besorgten die Entwässerung des Gebietes.

Der Deich im Naturschutzgebiet ist vielen Naturschützern ein Dorn im Auge, und seine Öffnung scheint durchaus im Bereich des Möglichen zu liegen. Die Rückgabe des Gebietes an die Ostsee wäre ein einmaliges Experiment, an dem die weitgehend natürliche Rückentwicklung in einem Teilbereich zu beobachten wäre. An der Öffnung des Deichs soll eine noch zu errichtende Brücke die unterbrochene Wegführung wiederherstellen.

Der weitere Weg gestattet einen herrlichen Blick über das Geltinger Noor und die weiteren zum Naturschutzgebiet gehörenden Wasserflächen, die der Halbinsel vorgelagert sind. Wenig später erscheint am Wegesrand eine fast waagerecht wachsende Eiche, die durch die beständige Windexposition ihre Gestalt, die auch als „Windflüchter" oder „Windschurbaum" bezeichnet wird, angenommen hat.

Der Kiesweg, der zur Rechten abgeht und im Bogen wieder auf den Strandweg führt, geht am ehemaligen Meierhof von Beveroe vorbei. Wir bleiben am Strand und gelangen zum

„Gespensterwald", der aus bizarr gewachsenen Eichen, Buchen und Eschen besteht. Dieser ganze Wald ist durch den Einfluß des Windes und umherfliegender Salzteilchen zu solch interessanten Wuchsformen veranlaßt worden.

An der Schutzhütte des NABU vorbei nähern wir uns der „Birknack" genannten Spitze der Halbinsel. Auf den Strand- und Dünenstreifen entlang unserer Wanderung können wir die typischen Dünengräser wie Gemeinen und Baltischen Strandhafer, Strandgerste und den auffallend blaugrün und starr aufrecht wachsenden Strandroggen entdecken. Auch wachsen hier Strandmelde, Meersenf, Strandsode und der hoch wachsende Meerkohl mit seinen blaugrau bereiften, welligen Blättern als typischer Vertreter der Strand- und Spülsaumflora. Besonders auffallend sind die gelben Blüten des Scharfen Mauerpfeffers und die blaßroten bis weißlichen Blüten der Strandgrasnelken. Mit etwas Glück kann man auch Exemplare der seltenen Stranddistel finden.

In der Salzwiese, die sich unter anderem von Beveroe bis Birknack zieht, kommen neben typischen Salzwiesenpflanzen wie Strandaster, Strandwegerich, Queller und Bottenbinse auch die seltene Natternzunge, ein Farngewächs, Wiesen-Wasserfenchel und Echter Eibisch vor.

Von der reichen Vogelwelt des Gebiets seien einige Brutvögel erwähnt: Seeschwalben, besonders die sehr gefährdeten Zwergseeschwalben, verschiedene Möwen- und Limikolenarten (Watvögel) wie Rotschenkel, Kiebitz, Sandregenpfeifer, Austernfischer sowie Brandgänse, Mittelsäger und etwa 10 bis 20 Brutpaare der Graugans besiedeln das Gebiet. Zur Zugzeit kann man hier große Mengen von Limikolen, Enten, Klein- und Greifvögeln, auch die seltenen See- und Fischadler, Wanderfalken und Merline, beobachten.

Reptilien wie Bergeidechse und Ringelnatter sowie Amphibien finden hier ebenfalls geeignete Existenzbedingungen: Neben Kamm- und Teichmolch, Erdkröte, Gras- und Moorfrosch lebt auch der besonders gefährdete Laubfrosch in der Geltinger Birk.

Das Wahrzeichen der Geltinger Birk ist   „Charlotte", die an der Flensburger
die im Jahre 1824 erbaute Mühle   Förde steht.

An der Spitze der Halbinsel sollten Sie einmal die Landschaft auf sich wirken lassen und den weiten Blick über die Förde und nach Dänemark genießen.

Auf dem weiteren Weg um die Halbinsel kommen wir noch an einem kleinen Krattwald vorbei. Hierbei handelt es sich um einen niedrigen, krüppelhaften Wald, der auf nährstoffarmen Böden, durch Windeinwirkung oder menschlichen Einfluß kaum über das Gebüschstadium hinauskommt.

Als besonders auffallende Pflanze zu beiden Seiten des Weges, die im Juli/August karminrot blüht, ist der Blutrote Storchschnabel zu erwähnen, der in Norddeutschland eine Rarität darstellt.

Bald kommt der Leuchtturm von Falshöft in Sicht. Wir kommen an einen kleinen Parkplatz, an dem wir uns rechts Richtung Nieby halten. Geradewegs zum Leuchtturm liegen Campingplatz und Gaststätte, und außerdem gibt es Bademöglichkeiten am Strand. Vorbei an einigen hübschen reetgedeckten Häusern und einem Kiosk haben wir von einer Anhöhe noch einmal einen schönen Blick über die zentrale Niederung der Geltinger Birk und auf die Mühle „Charlotte". Bei Goldhöft biegen wir wieder zum Parkplatz zurück rechts ein.

Ein Besuch des Ortes Gelting ist wegen seiner Kirche, einem spätgotischen Backsteinbau, zu empfehlen. Im Innern besitzt sie eine geschnitzte Holztaufe von 1653, die von dem Eckernförder Hans Gudewerdt dem Jüngeren, dem bedeutendsten Barockbildhauer seiner Heimat, gefertigt wurde. Das Herrenhaus Gelting ist ein stattlicher Dreiflügelbau, der um 1780 weitgehend zu seinem heutigen äußeren und inneren Aussehen ausgebaut wurde.

Von Geltingmole, etwas westlich des Ortes gelegen, bestehen Fährverbindungen zur Insel Fünen und nach Sonderburg und Apenrade in Dänemark.

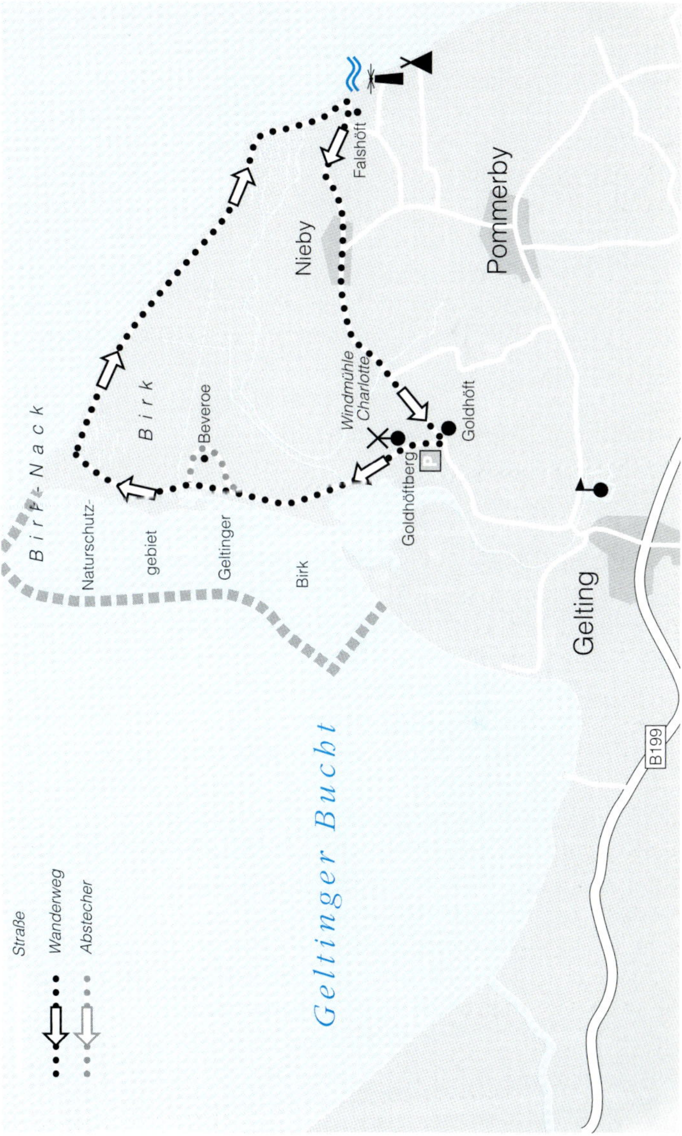

Pommerby

Falshöft

Nieby

Windmühle
Charlotte

Goldhöft

Goldhöftberg

B i r k - N a c k

B i r k

Beveroe

Naturschutz-

gebiet

Geltinger

Birk

Gelting

B199

G e l t i n g e r   B u c h t

Straße

Wanderweg

Abstecher

Radtour

Halbinsel Holnis und Langballigau
Glücksburg – Holnis Kliff – Langballigau – Unewatt –
Munkbrarup – Glücksburg
Entfernung: ca. 37 km; Dauer: ca. 4 Stunden
Diese Radtour führt zunächst an der Ostseeküste entlang
und berührt mit der Halbinsel Holnis und dem Tal der Lang-
balligau zwei naturkundlich besonders interessante Gebiete
Angelns. Der Rückweg führt durch die weite ruhige Bauern-
landschaft des Binnenlandes von Angeln.

Wir beginnen die Tour im nordöstlich von Flensburg gelegenen Glücksburger Wasserschloß. Die Parkplätze direkt am
Schloß sind gebührenpflichtig. Neben einer Besichtigung des
Renaissanceschlosses sind auch ein Gang durch den anliegenden Park und eine Umrundung des Schloßteiches loh-
nend. Außerdem gibt es in Glücksburg das Planetarium der
Menke-Sternwarte (☎ 0 46 31 / 25 69) und das Zentrum für
Angepaßte Technik und Internationale Entwicklungszusam-
menarbeit (artefact); hier können Sie an Führungen zu er-
neuerbaren Energien und ökologischem Bauen teilnehmen
(☎ 0 46 31 / 33 61).

Vom Schloß fahren wir zur Straßenkreuzung und biegen
links in die Straße „Am Schloßpark" ein. Hier liegt, noch
zum Gelände des Schlosses gehörend, ein Rosarium, in dem
Clematis und weitere Kletterpflanzen, seltene Kübelpflanzen
und natürlich Rosen bestaunt und gekauft werden können
(Information: I. J. Jensen, ☎ 0 46 31 / 60 100). Wir halten
uns Richtung Campingplatz und kommen zunächst an einem
Parkplatz vorbei, von dem aus Wanderungen zu einem kleinen Wildgehege, zu einem interessanten Waldlehrpfad sowie
zu einem archäologischen Lehrpfad starten. Dann geht es
rechts auf der Straße Richtung Schwennau weiter. Wir folgen
ihr nicht zum Campingplatz, sondern verlassen Glücksburg
auf dem Schausender Weg, der später in einen Betonspurweg übergeht.

Von diesem Weg aus können wir später den ersten Blick auf

Große Teile der Halbinsel Holnis sind
seit dem Jahre 1993 als Naturschutzgebiet ausgewiesen. Das Holnis-Kliff ist
zudem ein geologisches Naturdenkmal
und beherbergt eine Uferschwalben-
kolonie.

die Flensburger Innenförde genießen, während sich rechter Hand das Naturschutzgebiet „Pugumer See und Umgebung" erstreckt, das seit dem Jahre 1978 unter Schutz steht. Holnis Noor und Alt- und Neupugum waren noch bis in die zwanziger Jahre hinein mit der Flensburger Förde verbunden. Seit der Abdämmung sind sie jedoch weitgehend verlandet.

Im Naturschutzgebiet (NSG) befinden sich interessanter Sumpf- und Bruchwald und verlandende Feuchtbereiche verschiedener Entwicklungsstadien, die von naturnahen Wäldern umgeben sind. Durch das Naturschutzgebiet gibt es keine Wandermöglichkeiten, lediglich der Einblick ist möglich. Auf unserer Tour kreuzt in Schausende eine Straße, der wir links in Richtung Segelhafen und Leuchtturm folgen; machen wir hier einen Abstecher in die andere Richtung nach Osten, so gelangen wir an eine Stelle, an der man von der Straße aus einen Blick ins NSG auf die Wasserflächen Neupugums werfen kann.

Rechts am Leuchtturm vorbei führt der Weg bald vor den Häusern entlang direkt ans Wasser der Flensburger Förde. Vor uns ist bereits in der Ferne das Holnis Kliff zu sehen. Der gesamte nordöstliche Bereich sowie der Nordteil einschließlich der Wasserbereiche der Halbinsel sind seit dem 30. 4. 93 als Naturschutzgebiet „Halbinsel Holnis" (Gesamtfläche 360 Hektar) ausgewiesen. Hierdurch soll die noch weitgehend ursprüngliche Ostsee-Küstenlandschaft im Übergangsbereich zwischen der Flensburger Außen- und Innenförde mit ihren Nehrungen, Strandseen und Steilküsten und deren vielfältige Tier- und Pflanzenwelt geschützt werden.

Auf unserem Weg am Wasser entlang blicken wir auf eine Nehrung im Wasser der kleinen Bucht, die als Brut- und besonders als Rastgebiet für Vögel bedeutsam ist. Neben Graureiher, Höckerschwan, verschiedenen Möwen-, Enten- und Limikolenarten können wir hier auch flügeltrocknende Kormorane beobachten. Insgesamt wurden auf ganz Holnis bisher ca. 130 Vogelarten gesichtet, von denen etwa die Hälfte als Brutvögel hier leben.

Am Holnis Hof kurz vor dem Kliff erreichen wir die Unterkunft des Vogelwärters, der das Gebiet für den Naturschutzbund Deutschland (NABU) betreut. Führungen können nach Anmeldung durchgeführt werden (Information: Herr Kröll, ☎ 0 46 31 / 24 79 oder direkt beim NABU Neumünster). Am Holnis Kliff brüten in der Steilwand in selbstgegrabenen Röhren Uferschwalben. Ihnen fehlen sowohl der lange Schwanzspieß und die dunkle Oberseite der Rauchschwalbe als auch der weiße Bürzel der Mehlschwalbe, so daß man sie leicht von diesen beiden anderen häufigen Schwalbenarten unterscheiden kann. Diese Kolonie der Uferschwalbe ist die einzige an der Flensburger Förde. Die Brutpaarzahlen, die stetig bei etwa 100 lagen, haben in jüngster Zeit leider erhebliche, nicht vollständig erklärbare Einbrüche erfahren.

Der Wanderweg zum Kliff hinauf, das als Naturdenkmal ausgewiesen ist, gestaltet sich beschwerlich, aber oben angekommen wird man mit einem herrlichen Blick über die Förde bis nach Flensburg und Dänemark belohnt.

Auf dem weiteren Weg fahren wir nicht Richtung Holnis Hof, sondern halten uns links und nehmen dann den Asphaltweg zum Fährhaus Holnis (☎ 0 46 31 / 10 45, im Winter reduzierte Öffnungszeiten). Hier wird gutes Essen serviert, z. B. Holsteiner Katenschinken aus eigener Räucherei, und man hat eine einmalige Aussicht auf die Flensburger Außenförde. Die Fährverbindung, die bereits im Jahre 1875 eingestellt wurde, war Teil eines der bedeutendsten Verkehrswege Angelns, der von Missunde über Satrup und Munkbrarup nach Holnis und von hier über Alsen und Fünen nach Kopenhagen führte. Ein Abstecher in Richtung Norden vom Fährhaus aus lohnt sich und ermöglicht nicht nur ein Bad in der Ostsee, sondern man findet hier auch eine interessante Sand- und Steilküste vor.

Vom Fährhaus führt unser Weg an der Ostseite der Halbinsel nach Süden. In Holnis Drei gibt es Imbißmöglichkeiten und Restaurants, u. a. das „Café Drei" (auch Hotel: ☎ 0 46 31 /

2575, im Winter Mittwoch Ruhetag). Der Weg wendet sich dann zur Hauptstraße, die wir überqueren, um uns darauf links Richtung Bockholm zu halten. Bald darauf kreuzt die Hauptstraße abermals unseren Weg. Hier gibt es die Möglichkeit, die Tour abzukürzen und direkt die drei Kilometer nach Glücksburg zurückzufahren. Für den, der weiterradeln will, geht es geradeaus weiter Richtung Rüde. Am Golfplatz vorbei biegen wir nach Bockholmwik ab und fahren wieder an die Förde (Badestelle) hinab. Hier führt der Weg alsbald scharf rechts weiter. Wir folgen zunächst den Schildern nach Siegum, später denen nach Langballigau und kommen mit Blick auf die Förde und die hügelige Landschaft Angelns mit ihren Feldern, Wäldern und Knicks, vorbei am Gut Freienwillen, in den Hafenort Langballigau. In dem stark besuchten, geschäftigen Ort mit Seglerhafen und Fährverbindungen nach Dänemark, z. B. nach Apenrade und Sonderborg, gibt es auch Imbiß- und Einkehrmöglichkeiten (z. B. Fährhaus Langballigau: ☎ 0 46 36 / 83 31).

Nun befahren wir, direkt von der Hauptstraße abgehend, einen Wanderweg in das Tal der Langballigau. Er erstreckt sich mehr oder weniger nahe an dem Fließgewässer entlang und kann bei Regen recht aufgeweicht sein. Zudem ist er streckenweise sehr eng, so daß an Tagen, an denen viele Wanderer unterwegs sind, die Fahrräder geschoben werden müssen. Das Naturschutzgebiet „Tal der Langballigau" existiert seit 1990 und dient dem Erhalt eines der landschaftlich reizvollsten Bachtäler der schleswig-holsteinischen Ostseeküste mit einem weitgehend natürlich mäandrierenden Flußverlauf und naturnahen Laubwald- und Feuchtbiotopen sowie einer sehr seltenen Tier- und Pflanzenwelt.

Wir folgen zunächst den Schildern „Westerholz", überqueren die Langballigau und radeln weiter Richtung Knos und danach nach Unewatt. Hier überfahren wir abermals den Fluß und befinden uns am Gasthaus „Unewatt" (☎ 0 46 36 / 17 55, Montag Ruhetag). Unewatt ist Museumsdorf. Der Ort hat 140 Einwohner, und es sind drei Museumsinseln einge-

Eine Radtour entlang der Flensburger
Förde eröffnet im Frühling und Sommer
an vielen Stellen den weiten Blick über
blühende Wiesen und Felder und auf
das Wasser der Förde.

streut. Das Marxenhaus, das älteste Südangeliter Fachhallenhaus, das aus Süderbrarup hierher gebracht wurde, liegt an der B 199 und dokumentiert die Bau- und Kulturgeschichte Angelns. In der restaurierten Wassermühle wird demonstriert, wie Butter hergestellt wurde, und in der Christesen-Scheune werden alte Traktoren, Fuhrwerke und historische Photographien gezeigt (Information: Kulturstiftung des Kreises Schleswig-Flensburg, ☎ 0 46 36 / 10 21, Di.–So. 10.00–16.00 Uhr).

Nach Überqueren der Langballigau halten wir uns vor dem Gasthof rechts nach Unewattfeld, wo wir links die Hauptstraße überqueren, um in die Schulstraße einzubiegen. An der kreuzenden B 199 fahren wir nach rechts ein Stück an der Bundesstraße entlang, bis die Abzweigung nach Glücksburg kommt. Hier halten wir uns links Richtung Ranmark. Nach etwa 600 Metern zweigt rechts ein Asphaltweg ab, der uns direkt nach Munkbrarup hineingeleitet. Hier besichtigen wir die bedeutende Granitquaderkirche, die um 1200 entstanden ist und eine eindrucksvolle Granittaufe aus der gleichen Zeit besitzt. Das Hotel und Gasthof „Munkbrarup" (☎ 0 46 31 / 81 84) bietet Holsteiner Wild- und Fischspezialitäten. Im Dorf halten wir uns links und sehen die gut erhaltene und restaurierte Holländer-Windmühle Munkbrarup, die nach Vereinbarung besichtigt werden kann (☎ 0 46 31 / 25 00).

Nach Unterqueren der B 199 fahren wir nach Ulstrup und dann ohne Radweg weiter nach Glücksburg, wo wir den Wegweisern zum Schloß folgen. In Glücksburg sollten Sie das „Central Café" in der Collenburger Str. 1 (☎ 0 46 31 / 80 10) besuchen, das besonders für Antiquitätenfreunde interessant eingerichtet ist.

Förde

Westerholz

Langballigau

Langballigau

Unewatt

Unewattfeld

Bockholmwik

Freienwillen-Gut

Siegum

Ringsberg

Langballig

Holnis

Holnis-Kliff

NSG

Drei

Bockholm

Rüde

Munkbrarup

Holnis-Hof

NSG

Neupugum

Archäologischer Wanderweg

Glücksburg

B 199

Schausende

Wild-gehege

Schwennau

Ulstrup

Flensburger

Straße

Radwanderweg

Flensburg

Flensburger

Radtour

Zentralangeln

Süderbrarup – Böel – Hechtmoor – Satrup – Sörup – Sterup –
Esgrus – Rügge – Norderbrarup – Süderbrarup
Entfernung: ca. 51 km, ab Sörup Rückfahrt per Bahn mög-
lich; Dauer: gut 5 Stunden

Wer vor allem Ruhe fernab der stark frequentierten Touri-
stenwege sucht, für den ist Zentralangeln wie geschaffen.
Spektakuläre Naturlandschaften sucht man hier vergeblich;
die einsamen Wege führen an Wäldern entlang und vor allem
an Wiesen und Feldern, die mit Knicks (freistehende Wallhecken) durchsetzt sind.

Wir beginnen die Tour am Bahnhof von Süderbrarup, das im
südlichen Angeln einige Kilometer nördlich der Schlei-
Klappbrücke bei Lindaunis liegt. Süderbrarup gehört zu den
Hauptorten Angelns und wurde im Jahre 1231 erstmals ur-
kundlich erwähnt. Allerdings war der Ort schon in vorchrist-
licher Zeit von großer Bedeutung. Im nördlich des Ortes
gelegenen Thorsberger Moor wurden eine Vielzahl von Funden (ca. 2 500 Gegenstände) aus der Zeit von 100 vor bis
etwa 400 nach Christi Geburt gemacht. Diese zum Teil als
Opfergaben für den Gott Thor gedeuteten Funde sind heute
zum größten Teil im Landesmuseum in Schleswig zu sehen.
Das Thorsberger Moor mit seiner Umgebung war die größte
und bedeutendste Gerichts- und Opferstätte der alten Angeliter, bevor sie nach England ausgewandert sind. Die Ent-
deckung weiterer Grabstätten und Urnenfelder bestätigt
diese Vermutung.

Die St. Jacobi-Kirche von Süderbrarup wurde vermutlich
1117–1135 als Feldsteinbau errichtet; der neugotische Turm
ist 1862 dazugekommen.

Vom Bahnhof fahren wir zunächst Richtung Norderbrarup
und erreichen nach etwa 500 Metern auf der rechten Seite
das Thorsberger Moor; auf diesem historischen Grund kann
man eine kleine Rundwanderung machen. Auf der linken
Seite der Straße liegt der Grabhügel „Kummerhy" aus der

Die um 1200 erbaute Kirche von Böel,
ein spätromanischer Backsteinbau,
ist eine der zahlreichen alten Kirchen,
die man auf einer Tour durch Angeln
entdecken kann.

späteren Bronzezeit, der aber auch in der Epoche der Wikinger noch als Grablege genutzt wurde. Heute steht dort ein Steinkreis, in dessen Mitte eine Steinkiste mit verbrannten Überresten eines Toten sowie ein zwei Meter hoher Wächterstein außerhalb des Kreises gefunden wurden. Man kann heute noch den Wächterstein, nicht jedoch die Steinkiste besichtigen.

Wir überqueren die Bahnschienen, auf denen die Dampfeisenbahn von Kappeln nach Süderbrarup verkehrt, und biegen links in den „Heidbergweg" ein. Kurz vor dem Überqueren der Bahn der Linie Süderbrarup–Flensburg können Sie nach rechts einen kleinen Abstecher zum nur etwas mehr als einen Hektar großen Naturschutzgebiet „Os" machen. Dieses Gebiet zeichnet sich durch botanisch besonders wertvollen Sandtrockenrasen und Sandtrockenheide aus, die wiederum eine interessante, spezialisierte Tierwelt beherbergen.

Nach Überqueren der Schienen erreichen wir die B 201, an der wir nach rechts ein Stück bis Brebel entlangradeln, wo wir wiederum nach rechts gen Böel weiterfahren. Nach wenigen hundert Metern weist ein Schild zum Bernstein-Museum, das einen Besuch lohnt. Hier können Sie sich über Entstehung, Bedeutung und Verarbeitung dieses weichen Steins, Traum jedes Strandwanderers, informieren und ihren eigenen Stein auch selbst schleifen (geöffnet von Pfingsten bis Oktober, Montag Ruhetag; Information: ☎ 0 46 41 / 82 89). Wir fahren nach Böel hinein und haben sogleich die stattliche Kirche vor uns, ein um 1200 errichteter spätromanischer Feldsteinbau, der einen geschlossenen, ausgewogenen Gesamteindruck macht.

Kurz vor dem Ortsausgang fahren wir links in den „Lehmberger Weg". Wo der Weg schräg geradeaus als Schotterweg und Sackgasse weitergeht, fahren wir links und durchqueren Böelulegraft, halten uns Richtung Mohrkirch und fahren dann in einem Bogen auf der Dorfstraße nach Böelschuby. Hier geht es rechts nach Neuböelschuby weiter. Im folgenden macht die Straße mehrfach scharfe Kurven. Wir folgen ihrem Verlauf und meiden die Sackgassen. Nach Eslingholz erreichen wir eine etwas größere Straße; hier fahren wir links nach Köhnholz. Dort biegen wir nach rechts, um gleich nach der Gaststätte „Klaholz" links Richtung Rehberg abzuzweigen. Nach ca. 2 km geht nach links ein Sandweg an einem Knick entlang ab, der direkt in ein Waldstück führt. Im Rehbergerholz bleiben wir stets auf dem Weg, und an Gabelungen halten wir uns rechts. Verschiedene andere Wege münden von rechts und links. Am Parkplatz an der Hauptstraße biegen wir nach rechts. Kurz darauf, vor einem Haus auf der linken Seite, weist ein Schild den Weg zum Naturschutzgebiet „Hechtmoor".

Hierhin lohnt sich ein Abstecher für den naturkundlich Interessierten. Auf einem Rundwanderweg kann man das 34 Hektar große Hochmoor, das bereits seit 1941 unter Schutz steht, durchwandern. Es ist eine Oase für viele Tiere und Pflanzen in der sonst intensiv landwirtschaftlich genutzten Umgebung. Neben vereinzelt vorkommenden Knabenkräutern, Rundblättrigem Sonnentau und Königsfarn ist die Charakterpflanze dieses Moores die Ährenlilie, auch Steinbrech genannt. Diese etwa 10 bis 30 Zentimeter hohe Pflanze mit ihren schmalen grasähnlichen Blättern und gelben Blüten, die auffallend orangerote Staubbeutel besitzen, kann zur Blütezeit im Juli/August dieses Moor deutlich prägen. Wie in jedem Naturschutzgebiet gilt es auch hier, auf den ausgewiesenen Wegen zu bleiben.

Über Esmark gelangen wir entlang der Straße nach Satrup, wo wir, vorbei an der Königlich Privilegierten Apotheke von 1836, die Kirche, eine spätromanische Feldsteinkirche von etwa 1200, erreichen. Es gibt einige Restaurants im Ort, die aber alle von 14.00 bis 17.00 Uhr geschlossen sind. Eine Sammlung alter Photos der Gemeinde kann im Satrup-Huus besichtigt werden (☎ 0 46 33 / 2 28; Sa. 16.00−18.00 Uhr, So. 16.30−17.30 Uhr, sonst nach Vereinbarung).

Wir verlassen Satrup Richtung Sörup. Wenige hundert Meter nach dem Ortsschild geht es nach Kohlfeld, wo ein Wegweiser nach rechts ins „Satrupholmer Moor" weist, in das ein Abstecher möglich ist. Das Moor ist besonders durch seine archäologischen Funde bekannt geworden, die auf eine dichte steinzeitliche Besiedlung zwischen 4000 und 1800 v. Chr. hinweisen. Die Fundstücke, zu denen die ältesten Holzgeräte Nordeuropas gehören, können im Landesmuseum für Vor- und Frühgeschichte in Schleswig bestaunt werden.

Wir fahren weiter auf der Straße nach Sörup und biegen Richtung Gammelby nach links ab, um dann gleich wieder rechts in die Gammelbygaarder Allee einzubiegen. Wir fahren in einiger Entfernung vom Wasser auf einem Schotterweg am Nordufer des eiszeitlich entstandenen Südensees (mit Badestelle in Sörup) entlang nach Sörup. Hier besuchen wir die Kirche, die als eine der schönsten und bedeutendsten romanischen Kirchen Angelns gilt. Diese Granitquaderkirche entstand Ende des 12. Jahrhunderts. Ihr 57 Meter hoher spätgotischer Backsteinturm stammt aus dem Mittelalter.

Ein kleines Stück von der Kirche entfernt, jenseits der Schienen, liegt der Bahnhof. An dieser Stelle haben wir etwa 29 Kilometer zurückgelegt und haben die Möglichkeit, per Bahn nach Süderbrarup zurückzufahren. Dem Bahnhof gegenüber liegt der „Dorfkrug Sörup" (☎ 0 46 35 / 17 77, Montag Ruhetag). Wer weiterfahren will, biegt im Ort links Richtung Löstrup ab, überquert die Hauptstraße nach Sterup und fährt durch Iverslund. Auf ruhiger, gut ausgebauter Strecke kommt man so nach Dingholz. Hier gibt es die Möglichkeit, nach Quern und zum Scheersberg abzubiegen (siehe Wanderung „Am Scheersberg"). Wir folgen jedoch dem Rechtsknick der Straße nach Sterup.

Auf der Hauptstraße kommt bald in der Ferne die stattliche Kirche von Sterup in Sicht. Vorbei an Allmanns Krog (☎ 0 46 37 / 8 20, Montag Ruhetag) und Inge's Gasthaus (☎ 0 46 37 / 7 92, Montag Ruhetag) gelangen wir zur Kirche, einem Backsteinbau aus dem frühen 13. Jahrhundert, der im 19. Jahrhundert erneuert wurde. Innen besitzt er zwei Altäre von 1480 und vom Anfang des 16. Jahrhunderts.

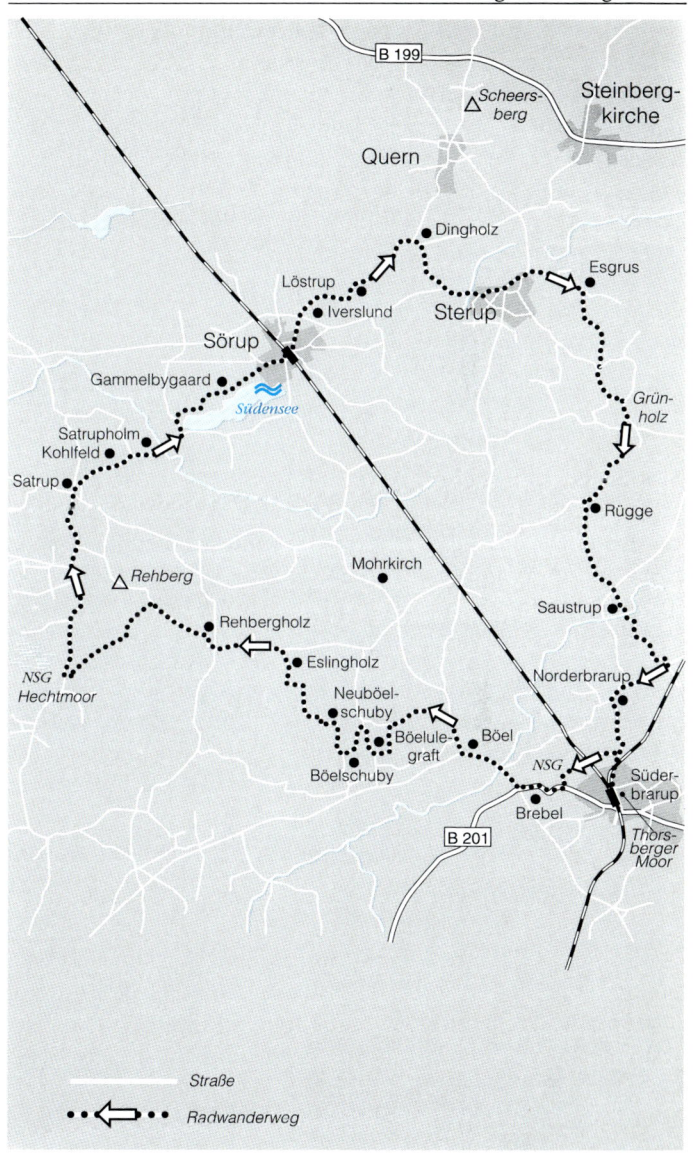

B 199

Steinberg-
kirche

Scheers-
berg

Quern

Dingholz

Esgrus

Löstrup

Iverslund

Sterup

Sörup

Grün-
holz

Gammelbygaard

Südensee

Satrupholm
Kohlfeld

Rügge

Satrup

Rehberg

Mohrkirch

Rehbergholz

Saustrup

Eslingholz

Norderbrarup

NSG
Hechtmoor

Neuböel-
schuby

Böelule-
graft

Böel

Böelschuby

NSG

Süder-
brarup

Brebel

Thors-
berger
Moor

B 201

Straße

Radwanderweg

Kurz nach dem Ortsausgang halten wir uns rechts nach Esgrus. Dort fahren wir kurz vor der romanischen Feldsteinkirche aus dem 12. Jahrhundert mit ihrem Backsteinturm aus
dem 15. Jahrhundert nach rechts Richtung Grünholz. Auf
halber Strecke nach Grünholz müssen wir links abbiegen,
und in Grünholz wenden wir uns links auf die Hauptstraße,
an der „Gaststätte Grünholz" dann rechts Richtung Rügge.
In Rügge halten wir uns Richtung Süderbrarup, überqueren
aber die kreuzende Hauptstraße nach Süderbrarup geradeaus, halten uns dann links und auf der nächsten kreuzenden
Straße rechts nach Norderbrarup.
Hier geht es links nach Wagersrott, wo es in einem denkmal-
geschützten Südangeliter Bauernhaus ein kleines Museum
mit Gegenständen gibt, die früher zum Leben und Arbeiten
auf dem Lande gehörten (☎ 0 46 41 / 22 92; 1. Mai−1. No-
vember, Montag 14.00−16.00 Uhr nach Vereinbarung).
In Norderbrarup passieren wir nochmal eine Kirche, die um
1200 aus Granitquadern erbaut wurde, und erreichen, am
Thorsberger Moor vorbei, wieder den Bahnhof. Von den
Restaurants Süderbraraps seien drei erwähnt, in denen Sie
nach der langen Tour wohlverdient einkehren können: „Landhaus Jacobsen" (☎ 0 46 41 / 23 41); Hotel „Angler Hof"
(☎ 4 09) und „La Pergola" (☎ 0 46 41 / 23 08).

Radtour
Alte Kreisbahntrasse von Süderbrarup nach Schleswig
Entfernung: ca. 21 km; Dauer: ca. 2 Stunden
Vom ehemals relativ dichten Netz der Schleswiger Kreisbahn
in Angeln ist heute nicht mehr viel übrig. Die Geschichte der
Kleinbahn in Schleswig-Flensburg beginnt im Jahre 1883 mit
der Inbetriebnahme der Bahnstrecke von der Schleswiger
Altstadt nach Süderbrarup durch die Schleswig-Angelner
Eisenbahn. Sie ging im Jahre 1901 in den Besitz des Krei-
ses Schleswig über. Drei Jahre später kamen zwei weitere
hinzu: die 30 Kilometer lange Strecke von Schleswig nach
Satrup sowie die Verlängerung von Süderbrarup nach Kap-

peln (15 Kilometer), die beide 1904 in Betrieb genommen wurden. Eine weitere Strecke führte ab 1905 von Schleswig nach Friedrichstadt. Ihre Blütezeit erlebte die Kreisbahn in den zwanziger Jahren, in denen beispielsweise im Jahre 1927 14 Dampfloks und ca. 100 Wagen zum Bestand gehörten. Nachdem die Bahn nach Friedrichstadt bereits 1939 eingestellt wurde, fand die Personenbeförderung auf der Schiene von Schleswig nach Satrup 1965, die nach Kappeln 1972 ihr Ende. Seit 1980 wurde auch der Güterverkehr auf dem Teilstück Schleswig-Süderbrarup eingestellt.

In den Folgejahren wurden auf dieser Strecke die Schienen abgebaut und eine Gasleitung entlang der Trasse verlegt. Das Gas aus Dänemark, das über Ellund Richtung Schleswig geleitet wird, bekam von Schuby bei Schleswig einen Abzweiger Richtung Kappeln, mehrere weitere Abzweiger führen zu den einzelnen Abnehmern des Gases. Die Leitung wurde im Oktober 1988 in Betrieb genommen. Im Zuge dieser Baumaßnahmen wurde auch ein Radwanderweg aufgebaut, der heute noch auf der gesamten Strecke der alten Kreisbahntrasse bis nach Schleswig hinein befahrbar ist. Im Jahre 1991 wurde der Rad- und Wanderweg vom Kreis den entlang der Strecke liegenden Gemeinden übertragen, die heute für den Erhalt der Strecke jeweils in ihrem Bereich zuständig sind.

Auch die noch vom Güterverkehr genutzte Strecke Süderbrarup-Kappeln ist von der Stillegung bedroht. Auf diesem Teilstück verkehrt zudem seit 1980 regelmäßig die nördlichste Museums-Eisenbahn Deutschlands. Eine Fahrt mit der alten Dampflok und den historischen skandinavischen Personenwagen durch die Wiesen und Felder Angelns sollte man sich nicht entgehen lassen (Information bei der Tourist-Information Kappeln und bei den Freunden des Schienenverkehrs Flensburg e. V.: ☎ 04 61 / 2 93 48 und 0 46 42 / 40 27).

Wir beginnen die Radtour am Bahnhof in Süderbrarup (siehe hierzu auch Radtour „Zentralangeln"), der an der Strecke von Kiel nach Flensburg liegt. Von hier fahren wir

Richtung Innenstadt und überqueren nach rechts Schienen und Straße und beginnen gleich hinter dem Supermarkt mit der Fahrt auf der alten Bahntrasse, die zunächst parallel zu den Gleisen der Linie Kiel–Flensburg führt. Am Beginn der Strecke steht ein Holzschild mit dem Hinweis auf die Kreisbahntrasse. Die gesamte Strecke ist sehr gut beschildert, so daß man sich kaum verfahren kann und immer weiß, wieviele Kilometer man noch vor sich hat. Der Weg führt durch die typische Agrarlandschaft Angelns mit weiten Feldern, Knicks und Weiden, auf denen vor allem die braunen Angeliter Rinder stehen.

Zwar finden sich keine spektakulären Naturlandschaften entlang der Strecke, aber der Radwanderweg führt doch meist abseits jeglichen Autoverkehrs sehr ruhig durch das südliche Angeln. In Steinfeld steht noch das ehemalige Bahnhofsgebäude, in dem sich heute die Gaststätte „Alter Bahnhof" (☎ 0 46 41 / 85 26, Dienstag Ruhetag) befindet. Von hier geht es nach Taarstedt, von wo es noch 11 Kilometer bis Schleswig sind. In Taarstedt steht eine kleine, von alten Linden umgebene romanische Feldsteinkirche. Auch das alte Bahnhofsgebäude existiert noch. Auf einer Brücke überqueren wir die Loiterau und kommen an einem kleinen Häuschen der „Schleswag" vorbei, einer Gas-Druckregler-Anlage. Dieses und die kleinen roten, mit Nummern versehenen Dächer weisen darauf hin, daß entlang der Kreisbahntrasse eine Gasleitung verlegt worden ist.

Auffallend ist die unterschiedliche Qualität der Strecke, die zum Teil recht holperig, manchmal gemäht, dann wieder hoch aufgewachsen ist. Das liegt an dem unterschiedlichen Einsatz und der differierenden Pflegeterminierung der für den jeweiligen Bereich zuständigen Gemeinden.

Vorbei am Bahnhofsgebäude von Scholderup erreichen wir Schaalby mit der an der Strecke liegenden kleinen Gastwirtschaft „Gerda Schmücker" (☎ 46 22 / 26 78). In Schaalby liegt an der Hauptstr. 51, etwas abseits der Kreisbahntrasse, der „Schaalby-Krog" (☎ 0 46 22 / 22 27; Mittwoch Ruhetag).

Ein besonders prägendes Element der
Landschaft in Angeln sind die Knicks
(freiwachsende Wallhecken), die in der
intensiv genutzten Agrarlandschaft ein
wichtiges Rückzugsgebiet für Tiere und
Pflanzen darstellen.

Außerdem können hier kleine Abstecher zur Wassermühle von Schaalby, zum vorgeschichtlichen Grabhügel bei Schaalbyfeld und zu den Kirchen von Kahleby (gotischer Bau aus dem 13. Jahrhundert) und Moldenit (romanische Feldsteinkirche des späten 12. Jahrhunderts) auf der anderen Seite der Kreisbahntrasse unternommen werden.

Auf der Kreisbahntrasse folgt nun der Ort Moldenit, wo noch ein kleines Wartehäuschen der ehemaligen Station Winning steht. Wir fahren unter der Hauptstraße durch und sehen linker Hand die Schlei und in der Ferne den Schleswiger Dom und die Schleswiger Zuckerfabrik. Der wenig später abzweigende Radweg ist ein Teil der alten Kreisbahntrasse von Schleswig nach Satrup. Vorbei an einem Militärgelände erreichen wir Schleswig, wo am Ende der alten Schienenführung wiederum ein Holzschild steht; zudem wurden hier auch einige Meter der Schienen liegengelassen. Von hier sind es nur wenige hundert Meter zum Dom und zur Fischersiedlung Holm. Bis zum Schloß Gottorf sind es noch etwa 2 Kilometer, bis zum Wikinger-Museum auf der anderen Seite der Schlei 5 Kilometer.

Die Rückfahrt nach Süderbrarup kann natürlich wieder auf der Kreisbahntrasse erfolgen, aber man kann auch am Nordufer der Schlei entlang (siehe Radtouren entlang der Schlei) bis nach Lindaunis fahren und von dort zurück nach Süderbrarup. Von Schleswig aus gibt es die Möglichkeit, mit der MS Bente, die auch einige Fahrräder mitnehmen kann, auf der Schlei bis Lindaunis zu fahren, um von dort mit dem Fahrrad weiterzukommen. Allerdings ist diese Möglichkeit terminlich stark eingeschränkt, da dieses Schiff nur montags und freitags, im Sommer außerdem mittwochs jeweils um 15.00 Uhr von Schleswig in Richtung Kappeln startet (☎ 01 61 / 2 41 42 62 oder 0 46 43 / 29 45).

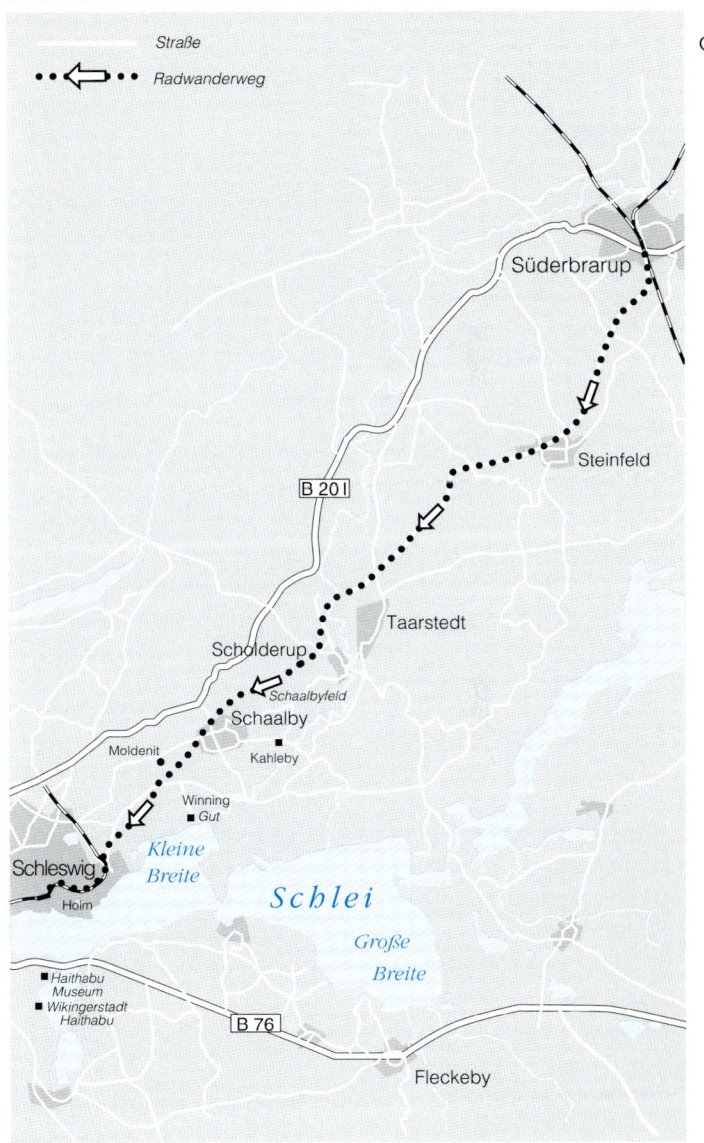

Straße

Radwanderweg

Süderbrarup

Steinfeld

B 201

Taarstedt

Scholderup

Schaalbyfeld

Schaalby

Moldenit

Kahleby

Winning
■ *Gut*

Kleine Breite

Schlei

Große Breite

Schleswig

Hoim

■ *Haithabu Museum*
■ *Wikingerstadt Haithabu*

B 76

Fleckeby

Restauranttips

Flensburg:

Hotel Restaurant
Flensborg Hus
(im 1725 aus Steinen der
abgerissenen Duborg
erbauten Haus)
Norderstr. 76
24939 Flensburg
☎ 04 61 / 2 61 05
Spezialität: „Flensborghus
Topf" mit drei verschiedenen Steaks.

Piet Henningsen
Schiffbrücke 20
24939 Flensburg
☎ 04 61 / 2 45 76
Internationale Gerichte
und Fischspezialitäten; mit
Seemanns-Souvenirs aus
alter Zeit.

Café Restaurant Bellevue
Am Gastseglerhafen
24937 Flensburg
☎ 04 61 / 18 07 40
Fleisch- und Fischgerichte;
mit Blick über die Flens-
burger Förde.

Borgerforeningen
Holm 17
24937 Flensburg
☎ 04 61 / 2 33 85
Spezialitäten aus der
Region mit frischen Pro-
dukten, im Sommer im
Hofgarten.

Alt-Flensburger-Haus
Norderstr. 8
24949 Flensburg
☎ 04 61 / 2 64 64
Spezialitäten des Nordens;
mit Weinstube und urigem
Biergarten.

Restaurant Fährkrog
Schiffbrücke 37
24939 Flensburg
☎ 04 61 / 2 42 12
Fisch- und Fleischspeziali-
täten; mit Biergarten und
Blick auf die Flensburger
Förde.

*Brasserie Napoleon und
Hofrestaurant*
Große Straße 42/44
24937 Flensburg
☎ 04 61 / 2 20 22
Internationale Küche; im
Sommer im gemütlichen
Hinterhof.

Stadt Restaurant
(im Deutschen Haus, in
dem Konzerte des Schles-
wig-Holstein Musikfestivals
stattfinden)
Bahnhofstr. 15
24937 Flensburg
☎ 04 61 / 2 35 66
Fisch- und Fleischgerichte.

Galerie
Holm 66
24937 Flensburg
☎ 04 61 / 2 01 04
Gerichte verschiedener
Länder, auch Vegetari-
sches; mit Kleinkunstbühne
und Bistro.

Angeln
Fährhaus Holnis
24960 Glücksburg
☎ 0 46 31 / 10 45
Original Holsteiner
Katenschinken und
andere Spezialitäten mit
Blick auf die Flensburger
Außenförde.

Landhaus Schütt
Hotel Restaurant
Post Steinbergkirche
24972 Quern/Nübelfeld
☎ 0 46 32 / 3 18
Mit Feinschmecker- und
Überraschungsmenü.

Romantik Hotel
Historischer Krug
An der Bundestraße 76
24988 Oeversee
☎ 0 46 30 / 3 00
Ausgezeichnete Küche
im gemütlichen, alten
Reetdachhaus.

Schleswig, Schlei und Kappeln

Die ehemalige Residenzstadt: Schleswig

Schleswig ist die älteste Stadt Nordeuropas. Allerdings lag die bereits 804 n. Chr. erstmalig erwähnte Wikingersiedlung Haithabu, die als Vorläufer der Stadt gilt, an anderer Stelle. Während sich das heutige Schleswig am Nordufer der Schlei befindet, lag Haithabu südlich der Schlei am Haddebyer Noor. Durch die Verbindung von Ostsee und Nordsee über die Schlei, über ein kleines Landstück, dann über Treene und Eider und durch die nahe Lage an dem in Nord-Süd-Richtung vorbeiziehenden Ochsenweg befand Haithabu sich an extrem verkehrsgünstiger Stelle und entwickelte sich bald zu einer bedeutenden Handelsmetropole und für die damalige Zeit zu einem Welthafen. Haithabu wurde in seiner wechselvollen Geschichte mehrfach angegriffen, und als die Wenden im Jahre 1066 die Stadt zerstörten, gaben die Bewohner die Siedlung endgültig auf und siedelten am anderen Ufer der Schlei. Das Ende Haithabus wurde damit zum Anfang der Stadt Schleswig.

Das bekannte Wikingermuseum Haithabu liegt heute nahe dem Ausgrabungsgebiet der alten Siedlung direkt am Haddebyer Noor und ist eine der besonderen Sehenswürdigkeiten der Region (siehe Der besondere Tip S. 172).

Entwickelte sich Schleswig zunächst zu einer wichtigen Handelsstadt an der Schlei, so gewann doch Lübeck im Verlaufe des späten 12. und im 13. Jahrhundert zunehmend an Bedeutung als wichtigster Umschlagsort, da die neuen Schiffstypen des Mittelalters, die Koggen, auf der flachen Schlei nicht fahren konnten. Dies ist der Grund, warum Schleswig auch später niemals eine Hafenstadt von größerer Bedeutung wie Kiel oder Flensburg werden konnte.

In die frühe Entwicklungszeit Schleswigs fällt der Baubeginn

des St.-Petri-Doms, der wahrscheinlich schon vor 1134 begonnen und als Nachfolger einer noch älteren Bischofskirche
in Haithabu errichtet wurde. Ein Mitte des 12. Jahrhunderts
von Franziskanern erbautes Kloster, das Graukloster, ist
noch heute in Schleswig zu besichtigen; ebenso steht das von
1200 bis 1230 erbaute St. Johannis-Kloster noch immer an
der Schlei. Einst ein Benediktinerinnenkloster, diente seit
dem 16. Jahrhundert als Bleibe für unverheiratete Töchter
des schleswig-holsteinischen Adels.

Das Gebiet zwischen Eider und Schlei gelangte nach dem
Zusammenbruch des großdänischen Imperiums an die
Schauenburger Grafen, die Schloß Gottorf in Schleswig errichteten. Nach 1544 entwickelte es sich, zunächst noch außerhalb der eigentlichen Stadt gelegen, zu einer großen Residenz unter Herzog Adolf von Schleswig-Holstein Gottorf.
Nach einigem deutsch-dänischen Hin und Her in den folgenden Dekaden wurde Schleswig im 19. Jahrhundert schließlich
auch ein Zentrum der deutsch-nationalen Bewegung. Schleswig war nämlich im Jahre 1844 der Ort, in dem zum ersten
Mal das Schleswig-Holstein-Lied erklang und die Blau-Weiß-
Rote Fahne auftauchte, die später zum offiziellen Landes-
banner wurde. 1848 fanden hier die ersten größeren Kampfhandlungen statt. 1850 erlitten die schleswig-holsteinischen
Truppen in der blutigen Schlacht bei Idstedt nördlich von
Schleswig eine entscheidende Niederlage. Wenige Jahre später wendete sich aber das Blatt: „Die österreichischen Regi-
menter wurden bei ihrem Durchmarsch durch die Stadt mit
lautem Jubel empfangen", beschreibt Theodor Fontane die
Stimmung in Schleswig in seinem Buch „Der Schleswig-Holsteinische Krieg im Jahre 1864". Nachdem ab diesem Jahre
preußische und österreichische Truppen die Dänen zum
Rückzug aus dem Lande zwangen, wurde Schleswig 1867
Hauptstadt der nunmehr preußischen Provinz Schleswig-
Holstein.

Nach dem Zweiten Weltkrieg, den die Stadt weitgehend
unbeschadet überstanden hatte, verlegte die britische Besat-

Der Dom St. Petri, das Wahrzeichen Schleswigs, besitzt im Innern eine Fülle von Sehenswürdigkeiten und Kunstschätzen, wozu u. a. der Bordesholmer Altar des Bildschnitzers Hans Brüggemann gehört.

Die kleine Kapelle und der umliegende
Friedhof stehen im Zentrum Holms,
einer malerischen Fischersiedlung (oben).

Schloß Gottorf (unten) beherbergt das
Archäologische und das Schleswig-Holsteinische Landesmuseum.

zungsmacht die Landeshauptstadt von Schleswig nach Kiel. Schleswig erhielt aber immerhin die Obergerichte des Landes, die schleswig-holsteinischen Landesmuseen und das Landesarchiv.

Heute ist Schleswig eine industriearme Verwaltungs- und Dienstleistungsstadt mit etwa 30 000 Einwohnern. Allerdings ist es auch ein bedeutendes historisches und kulturelles Zentrum Schleswig-Holsteins, das zunehmend an touristischer Bedeutung gewinnt.

Zu den besonders herausragenden Sehenswürdigkeiten der Wikingerstadt gehören das Schloß Gottorf und der Dom, der schon aus der Ferne gut auszumachen ist und die Stadt zusammen mit dem 90 Meter hohen Wikingturm überragt.

Schloß Gottorf gilt als das bedeutendste Profangebäude Schleswig-Holsteins. Auf der Schloßinsel stand um 1161 bereits eine Wasserburg, als die Schleswiger Bischöfe ihren Sitz hierhin verlegten. Später nutzten unter anderen die Herzöge von Schleswig-Holstein und die Schauenburger Grafen das Schloß als Residenz. Nach 1945 bezogen das Schleswig-Holsteinische Landesmuseum und das Archäologische Landesmuseum die vierflügelige Anlage. Ein Rundgang durch die historischen Gemäuer führt durch die Sammlungen, die vergangene Jahrhunderte schleswig-holsteinischer Kunst- und Kulturgeschichte dokumentieren. Die Archäologische Ausstellung vermittelt einen Überblick über die Ur- und Frühgeschichte des nördlichen Bundeslandes. Zu den besonderen Ausstellungsstücken gehören neben dem Nydam-Boot, dem ältesten bisher bekannten Hochseeschiff Nordeuropas, auch – sicherlich nicht jedermanns Geschmack – einige gut erhaltene Moorleichen. Der Vollständigkeit halber sei hier auch das Städtische Museum Schleswigs erwähnt, das in einem ehemaligen Adelshof aus dem 17./18. Jahrhundert (Günderothscher Hof) untergebracht ist und vor allem die Kultur und wechselvolle Geschichte der Stadt darstellt.

Mit diesem breiten Museums- und Kulturangebot lassen sich problemlos einige Regentage sinnvoll in Schleswig verbringen, wenngleich die Stadt an der Schlei natürlich auch bei schönem Wetter ihre besonderen Reize hat. Einen Besuch im Museum Haithabu sollte man mit einer kleinen Wanderung um die alte Ringanlage der Stadt und um das Haddebyer, vielleicht noch Selker Noor verbinden (siehe Wanderung „Rund ums Haddebyer Noor" S. 96). Auch einen Besuch des Danewerk-Museums, etwas südlich von Schleswig, sollte man unbedingt mit einer Wanderung über die Wallanlagen, die sogar Naturschutzgebiet sind, verbinden (siehe: Der besondere Tip S. 172).

Der Schleswiger Dom, Wahrzeichen der Stadt, an dem über mehrere Jahrhunderte gebaut worden ist, hat seinen 112 Meter hohen Hauptturm erst im späten 19. Jahrhundert erhalten. Neben einer Vielzahl interessanter Kunst-Sehenswürdigkeiten ist die Hauptattraktion nach wie vor der Bordesholmer Altar von Hans Brüggemann, der bei einer Höhe von 12,60 m und einer Breite von ca. sieben Metern um die 400 Schnitzfiguren beinhaltet. Bis zum Jahre 1666 stand der Altar in der Bordesholmer Kirche.

Des weiteren sind die Dreifaltigkeitskirche, das Prinzenpalais, der Heespenhof, das Rathaus, der Plessenhof und die Fischersiedlung Holm interessant und sehenswert. Die kleinen Häuser des malerischen Holm stammen aus dem 18. und 19. Jahrhundert, die Siedlung selbst ist allerdings viel älter. Die Häuser der traditionsreichen Schleifischer gruppieren sich ringförmig um die kleine Kapelle von 1876 und den von Linden gesäumten Friedhof.

Gegenüber der Fischersiedlung Holm, inmitten der Schlei, liegt die Möweninsel, auf der nur der „Möwenkönig" das Recht hat, Möweneier abzusammeln, die in Schleswig als delikate Spezialität gelten.

Die nahe Schlei bietet nicht nur zahlreiche Möglichkeiten, sich dem Wassersport zu widmen und an den Ufern entlangzuradeln oder -zuwandern. Auch kürzere oder längere Schiffsausflüge auf dieser stillen Förde gehören zu den besonderen Erlebnissen eines Schleswig-Aufenthalts.

Das Danewerk nahe Schleswig (links), das einst die dänischen Könige errichteten und ständig ausbauten, lädt heute nicht nur den geschichtlich, sondern ebenso den naturkundlich Interessierten zu beschaulichen Wanderungen ein.

Der Erik-Stein (oben), ein Runenstein, dessen Original im Museum Haithabu steht, wurde von einem ranghohen Mitglied aus der Gefolgschaft König Svens zum Gedenken an seinen gefallenen Kameraden Erik aufgestellt.

Die Schlei: Tochter der Ostsee

Die auch als „Tochter der Ostsee" bezeichnete Schlei zieht sich von den fünf Förden Schleswig-Holsteins (Flensburger Förde, Schlei, Eckernförder Förde, Kieler Förde und Traveförde bei Lübeck) am weitesten ins Binnenland. Das 5 240 Hektar große Gewässer windet sich über 43 Kilometer buchten- und uferreich ins schleswig-holsteinische Hügelland und besitzt eher den Charakter eines Flusses oder einer zusammenhängenden Seenkette. Die Schlei ist auch die schmalste und insgesamt flachste Förde, wenngleich Tiefen bis zu 14 Metern erreicht werden. In der Großen Breite bei Borgwedel dehnt sich die Schlei auf eine Breite von 4 000 Metern aus, während kurz vorher, bei Missunde, lediglich 135 Meter die beiden gegenüberliegenden Ufer trennen.

Die Schlei war seit jeher eine wichtige natürliche Grenze in Schleswig-Hostein, die auch historische Bedeutung erlangte. Heute trennt sie einerseits die Landschaften Angeln im Norden und Schwansen im Süden, andererseits stellt sie über eine weite Strecke die Grenze zwischen den beiden Kreisen Schleswig-Flensburg und Rendsburg-Eckernförde dar.

Neben dieser trennenden Eigenschaft besitzt die Schlei durchaus auch verbindenden Charakter. Diese Förde war zur Zeit der Wikinger eine der wichtigsten Wasserstraßen Europas, die den Kultur- und Warenaustausch der Völker ermöglichte.

Zur Zeit gibt es vier Verbindungen über die Schlei: Neben der seit 1881 bei Missunde eingerichteten Fähre und der bei Arnis führt bei Kappeln eine Drehbrücke und bei Lindaunis eine Klappbrücke hinüber. Letztere ist als kombinierte einspurige Eisenbahn- und Autobrücke ein interessantes und sehenswertes Unikum.

Wie alle Förden Schleswig-Holsteins ist auch die Schlei in der Eiszeit entstanden, wahrscheinlich ursprünglich als eine ganze Reihe von Zungenbecken, die nach und nach durch Schmelzwasserrinnen verbunden wurden. Unter natürlichen Verhältnissen wäre die Schlei bereits von der Ostsee abgeschnitten, da sich an ihrer Mündung eine Ausgleichsküste gebildet hat. Der Bereich bei Schleimünde versandet durch das von nahegelegenen Kliffs abgebrochene und hier herantransportierte Sand- und Geröllmaterial. Durch einen künstlichen Durchstich wird die Verbindung zur Ostsee jedoch aufrechterhalten. Ein gewisser Salzgehalt ist in der gesamten Schlei nachweisbar, der aber in Richtung Schleswig und zum Haddebyer Noor hin deutlich abnimmt. Im Mündungsbereich sind Salzgehalte von 14−20 Promille anzutreffen, so daß es nicht verwundert, daß hier neben Süßwasser- auch Meeresfische, wie Butt und Hering, vertreten sind. Letzterer wird bei Kappeln noch in den alten Heringszäunen gefangen. Ab Arnis schleiaufwärts werden u. a. verschiedene Weißfischarten, Barsch, Stint, Hecht und Brasse gefangen; der Aal gehört überall in der Schlei zu den begehrten Fangobjekten.

Für Einsamkeit und Beschaulichkeit suchende Wassersportler, Naturfreunde und Wanderer ist die Schlei in weiten Bereichen ein ideales Gebiet. In seinem Buch „Geliebte Schlei" schreibt Frido Becker um 1955: „Im Norden unserer deutschen Lande zwischen Schleswig und Holstein breitet und engt sich lieblich die Schlei, in unserer Zeit eine Welt, die noch Einsamkeit birgt, wo die Wellen wie vor Hunderten von Jahren auf weißem Sand oder raunenden Schilfbänken auslaufen." Zwar herrscht heute mehr Betriebsamkeit am Gestade dieser Förde, dennoch kann man hier durchaus noch, wie vor Jahrzehnten, ein ruhiges Plätzchen finden. Radfahrer finden allerdings oftmals nur Wege, die etwas abseits des Ufers entlangführen, trotzdem bieten sich Wegstrecken, die an alten Kirchen, Herrenhäusern und verträumten Reetdachkaten vorbeiführen. Viele Wege stoßen nur als Stichstraßen an die Schlei vor. Dort hat man dann allerdings wirklich meistens sein einsames, ungestörtes Plätzchen gefunden.

Man sollte über den vielen landschaftlichen Reizen, die die Schlei mit ihren Steilufern, als „Noore" bezeichneten Buchten und langgezogenen Seitenarmen besitzt, nicht verken-

An der Schlei, die sich von den schleswig-holsteinischen Ostseeförden am
weitesten ins Binnenland zieht, kann
man noch mühelos ein ruhiges, abgeschiedenes Plätzchen, wie hier bei
Sieseby, finden.

Liebevoll gepflegte Reetdachhäuser
findet man vielfach am Ufer der Schlei,
aber auch in weiten Teilen Schleswig-
Holsteins.

nen, daß diese Förde mit erheblichen ökologischen Problemen zu kämpfen hat. Vor allem die Nährstofffracht aus den Zuflüssen, die sich in der Schlei wegen ihrer Flachheit und dem geringen Austausch mit der Ostsee anreichert, führt, wie bei vielen Binnengewässern, zu einer Überdüngung (Eutrophierung) des Gewässers.

Die Schlei ist fast auf ihrer gesamten Länge, vergleichbar der Ostseeküste, mit ihren Uferbereichen als Landschaftsschutzgebiet ausgewiesen; des weiteren liegen zwei Naturschutzgebiete (NSGs) an der Schlei: Das NSG „Vogelfreistätte Oehe-Schleimünde", das an der sich dynamisch verändernden Ausgleichsküste der Schleimündung liegt, ist wegen seiner besonders seltenen Tier- und Pflanzenwelt und der grundsätzlichen Gefährdung ungestörter Ostseeküstenbereiche ein besonders interessantes und schützenswertes Gebiet (siehe Wanderungen). Das NSG „Reesholm" liegt als kleine Halbinsel an der Stexwiger Enge zwischen Großer und Kleiner Breite bei Schleswig und stellt mit seinen schützenswerten Brackwasserröhrichten und Uferbereichen vor allem für die Vogelwelt ein wichtiges Gebiet dar. Darüber hinaus gibt es hier einige Regionen, die für eine mögliche Ausweisung als Schutzgebiete in Frage kommen, wie z. B. das Ornumer Noor, die Halbinsel Kielfot bei Missunde oder ein kleiner Bereich bei Bohnertfeld. Insgesamt ist die Schlei ein wichtiges Brut-, Rast- und Überwinterungsgebiet für Wasservögel.

Kappeln und Arnis

Wenn Sie von Eckernförde über die B 203 und die alte, im Jahre 1927 erbaute Kappelner Drehbrücke kommen und damit von Schwansen nach Angeln gelangen, sehen Sie auf der Brücke zur Rechten die erste Sehenswürdigkeit von Kappeln: Der Heringszaun aus dem 15. Jahrhundert, der 1977/78 restauriert worden ist, gilt als einmaliges Kulturdenkmal einer ehemals hier verbreiteten Methode des Fischfangs.

Zur Skyline der Stadt gehört auch die im Jahre 1888 erbaute 30 Meter hohen Windmühle „Amanda", in der unter anderem die Touristeninformation ansässig ist; außerdem die drei Schornsteine der Fischräucherei (Besichtigung möglich, täglich von 11.00–12.00 Uhr; ☎ 0 46 42 / 22 74) und die von Bäumen umgebene St. Nicolai Kirche. Diese wurde in den Jahren 1789 bis 1793 an der Stelle erbaut, an der vorher eine bereits 1357 erstmals erwähnte Kapelle stand, die namensgebend für die Stadt war. Beide wurden gleichermaßen dem Schutzheiligen der Fischer, Nikolaus, geweiht. Der Altar der Kirche, der von Hans Gudewerdt dem Jüngeren im Jahre 1641 geschaffen worden ist, gilt als besonderes Prachtwerk des norddeutschen Knorpelbarock.

Am Wasser liegen der Museumshafen, in dem historische Wasserfahrzeuge zu besichtigen sind (Info: ☎ 0 40 / 3 90 33 58). Unweit davon liegt der Startplatz einer weiteren Attraktion von Kappeln: die von Kappeln nach Süderbrarup mit alten skandinavischen Waggons und Dampflokomotiven unregelmäßig verkehrende Angelner Dampfeisenbahn (Info: ☎ 04 61 / 2 93 48 und 0 46 42 / 44 45). Des weiteren informiert das Schleimuseum über die Geschichte der Stadt, die Schleiregion und die Schiffahrtshistorie.

Von Kappeln aus kann man Schiffsausflüge auf der Schlei und nach Sonderburg in Dänemark (zollfreier Einkauf) unternehmen sowie eine Hochseeangelfahrt mitmachen.

Von Kappeln, das derzeit etwa 10 000 Einwohner hat, sind kurze Abstecher zum Fischerdorf Maasholm (siehe Wanderungen), nach Schönhagen und zum Schwansener See (siehe Wanderungen Schwansen) oder zum Herrenhaus Roest bei Mehlby möglich; oder Sie gehen auf einem kleinen, drei Kilometer langen Wanderweg entlang der Schlei nach Arnis, das geschichtlich eng mit Kappeln verbunden ist. Es war im Jahre 1667, als 62 Familien aus Kappeln an die Stelle des heutigen Arnis zogen, um nicht Leibeigene des Gutsherrn von Roest, Detlev v. Rumohr, werden zu müssen. Durch ausgedehnte Handelsfahrten kam Arnis, die kleinste Stadt Deutschlands, zeitweilig zu einigem Wohlstand und galt sogar als der reichste Ort Angelns.

Der 1977/78 grundlegend restaurierte
Heringsfangzaun in Kappeln (links)
dokumentiert eine alte Fangmethode,
mit der seit dem Mittelalter in der Schlei
Heringe gefangen wurden.

Die kleine Stadt Arnis an der Schlei
(oben) besitzt drei Werften, in denen
von klassischen Yachten bis hin zu
Marinefahrzeugen verschiedene Schiffstypen repariert und gebaut werden.

Wanderung
Rund ums Haddebyer Noor
Entfernung: ca. 6 km; Wanderdauer: ca. 1,5 Stunden
Das Wikingermuseum von Haithabu an der B 76 von Schleswig nach Eckernförde ist gut ausgeschildert und am Haddebyer Noor leicht zu finden. Ein Besuch im Museum (siehe
Der besondere Tip S. 172) ist eine sinnvolle Einstimmung in
die Welt der alten Wikinger, bevor Sie zum Gebiet, in dem
das alte Haithabu lag, und um das Haddebyer Noor wandern. Oberhalb des Museums liegt die Hochburg, auf die die
Bewohner Haithabus in früheren Zeiten fliehen konnten, als
sie noch keine Stadtmauer hatten. Der Weg führt unterhalb
der Hochburg entlang, von wo aus man auf das Museum und
das Haddebyer Noor blicken kann. Danach können Sie, die
Anhöhe erklimmend, das erste Teilstück des ehemaligen
Ringwalls um die alte Wikingerstadt Haithabu erwandern.
Wo der Weg wieder hinabführt, erreichen wir die Stelle des
ehemaligen Nordtors von Haithabu. Hier halten wir uns links
am Noor auf dem Rad- und Fußweg, „betreten" sozusagen
die Stadt und durchqueren sie einmal. Es besteht auch die
Möglichkeit, auf dem ehemaligen Ringwall einen Bogen um
die Stadt zu laufen, wobei man sich ein gutes Bild von ihrer
Größe machen kann.
Der Ringwall ist Teilstück der Europäischen Fernwander-
wege Nr.1 (Nordsee−Bodensee−Mittelmeer) und Nr. 6
(Ostsee−Wachau−Adria); ebenso führt der Wanderweg
Schlei−Eider−Elbe von Schleswig nach Hamburg-Blanke-
nese hier entlang. Auf dem letzteren kann man einen Abste-
cher zum Danewerk unternehmen. Bis zur Ortschaft Danne-
werk mit dem Museum sind es etwa sechs Kilometer. Der
Ringwall am Noor sowie das Danewerk sind bereits 1950 als
Naturschutzgebiet ausgewiesen worden, um die damals be-
gonnene Zerstörung der Anlage zu stoppen.
Wir wandern am Noor weiter an der Schutzhütte vorbei und
verlassen die Stadtanlage durch das Südtor, wo auch der
Ringwall wieder dazustößt; linker Hand führt er als Sack-

gasse bis zum Noor hinab. Wir gehen geradeaus und folgen
den Schildern „Wanderweg" bzw. den weißen Andreaskreu-
zen der Fernwanderwege. Bald stößt er an die Hauptstraße,
wo ein kleiner Abstecher lohnt. Auf einem Parkplatz an der
Straße steht nämlich der Erik-Stein, die Nachbildung eines
Runensteins (Orginal im Haithabu Museum). Es handelt sich
hierbei um einen Totengedenkstein für einen Steuermann
und angesehenen Krieger mit Namen Erik, der Ende des 10.
Jahrhunderts bei Haithabu gefallen ist. Die Runensteine der
Wikinger wurden zur Erinnerung an Tote errichtet. Typi-
scherweise stehen darauf Angaben zur Person, die den Stein
errichten ließ, zu dem Toten sowie zur Verbindung der beiden und eventuell auch der Name desjenigen, der die Runen
in den Stein geritzt hat.

Wer auch das Selker Noor umwandern möchte, muß nun ein
Stück an der erwähnten Hauptstraße entlang und durch den
Ort Selk gehen. An der Badestelle vorbei führt der Weg wie-
der ans Haddebyer Noor und auf unseren Wanderweg.

Der Weg läuft, nachdem er sich durch ein kleines Wohnge-
biet geschlängelt hat, als Schotterweg durch einen Fichten-
forst hinab zum Noor. Kurz vor der Brücke über die Verbindung von Haddebyer und Selker Noor steht ein weiterer
Runenstein, der Sigtryg-Stein. Durchs Röhricht geht es zur
Brücke, von der man einen schönen Blick über das Selker
und Haddebyer Noor mit dem Museum, über die Schlei bis
zum Dom von Schleswig hat.

Nach der Brücke steigt der Weg etwas an, biegt dann nach
links und führt auf und ab über Stufen auf dem Steilufer des
Noors entlang. Der Weg ist bisweilen gesäumt von alten
Eichen, Buchen und dichten Adlerfarnbeständen.

Es geht vorbei an einem Trockenrasenhang, der zeitweilig
mit Galloway-Rindern extensiv beweidet wird. Die Fläche,
auf der verschiedene gefährdete Pflanzenarten vorkommen,
wird vom Bund für Umwelt- und Naturschutz (BUND)
betreut. Zum Schutz der seltenen Pflanzen hüten wir uns, die
eingezäunten Flächen zu betreten.

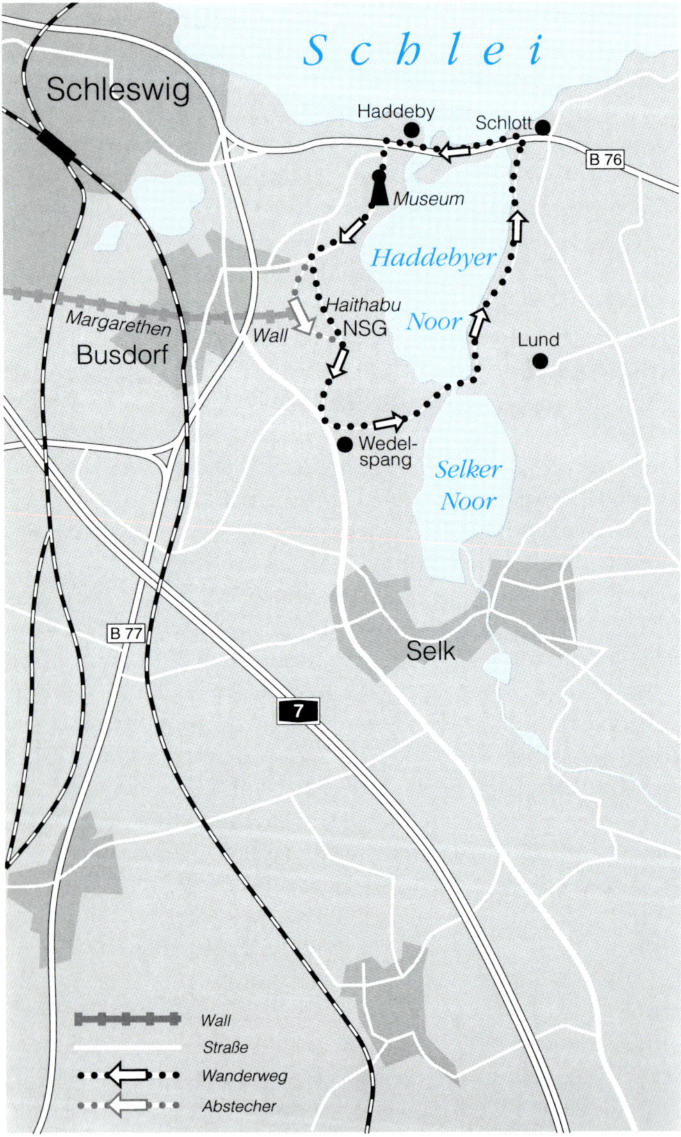

S c h l e i

Schleswig

Haddeby

Schlott

B 76

Museum

Haddebyer

Noor

Haithabu

NSG

Wall

Lund

Margarethen

Busdorf

Wedel-
spang

Selker
Noor

Selk

B 77

7

Wall

Straße

Wanderweg

Absrecher

Nun erreicht der Weg eine kleine Badestelle nahe der B 76.
Wir überqueren diese und gehen auf dem Radweg an der
Schlei entlang vorbei am Campingplatz und der Imbißstube.
Wo linker Hand die St. Andreaskirche von Haddeby auftaucht, überqueren wir an der Ampel nochmals die Bundesstraße und gelangen nahe der Kirche wieder auf den Parkplatz des Museums. Die Kirche wurde um 1200 aus Feldsteinen erbaut. Der Altar stammt aus dem 15. Jahrhundert.

Wanderung
Wald- und Schleiuferwanderung bei Missunde
Entfernung: ca. 6 km; Wanderdauer: ca. 1,5 Stunden
Diese Tour führt durch Wald und sehr schön am Steilufer der
Schlei entlang. An der Missunder Fähre liegt das Terrassen-
Café „Missunde" (täglich geöffnet 10.00−23.00 Uhr;
☎ 0 43 54 / 14 14), wo man bei schönem Wetter unter freiem
Himmel sitzend, den regen Bootsverkehr auf der Schlei und
den Fährbetrieb beobachten kann.
Wir starten unsere Wanderung am Café und halten uns
zunächst am Ufer. Nachdem das Steilufer erklommen ist,
haben wir an einigen Stellen einen herrlichen Blick auf die
Schleienge bei Missunde und über die Große Breite bis nach
Schleswig. Beim Aufenthalt am Klippenrand ist Vorsicht geboten, damit es uns nicht ergeht wie den zahlreichen Bäumen, die bereits ins Wasser gestürzt sind oder demnächst ab-
zurutschen drohen. Es handelt sich hier um ein aktives Kliff.
Dort, wo der Wald an der Ostseite endet, blicken wir auf die
Halbinsel „Kielfot", die zum Schutze der dort vorkommenden seltenen Pflanzen und Tiere nicht betreten werden
sollte. Der Wanderweg (als Wanderweg 1 ausgeschildert)
führt weiter durch den Wald etwas abseits der Schlei, gele-
gentliche Abstecher an das hier zum Teil recht sandige Kliff
sind aber möglich. Auch hier liegen zahlreiche Baumstümpfe
im Wasser, und die Schlei nagt das Steilufer beständig an.
Der Wald besteht überwiegend aus Fichten-Monoforst, an
wenigen Stellen finden wir Laubbäume und Lärchenwald.

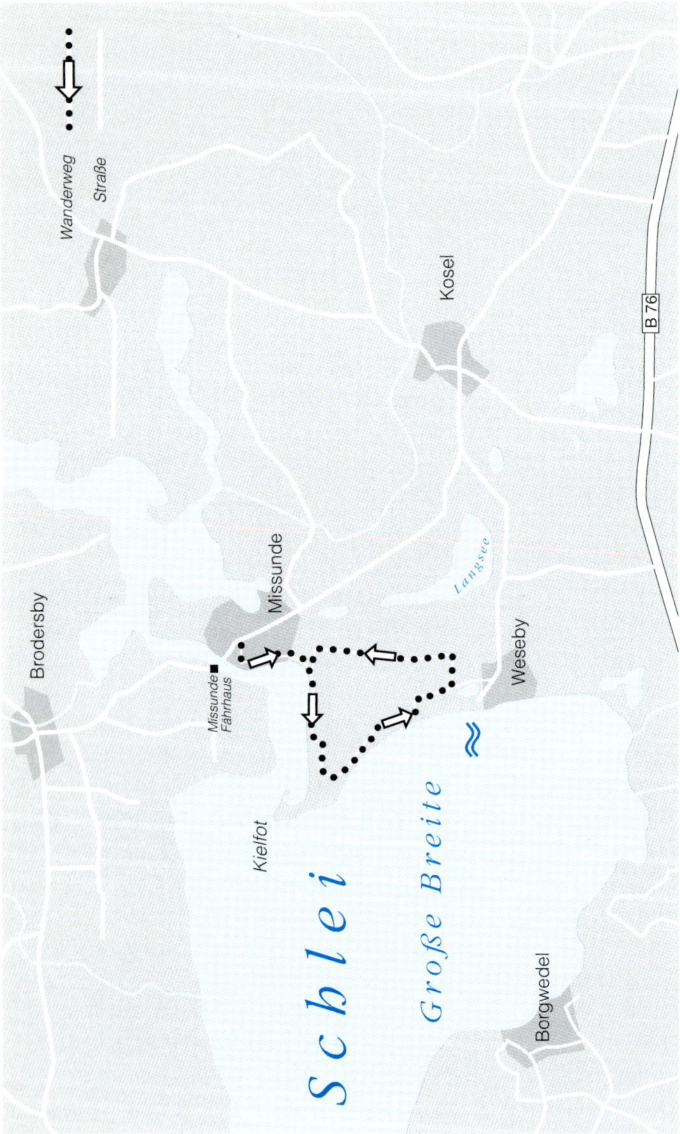

Wanderweg

Straße

Kosel

B 76

Brodersby

Missunde

Langsee

Weseby

Missunde
Fährhaus

Kielfot

Große Breite

Borgwedel

S c h l e i

Die Lärche ist übrigens der einzige heimische Nadelbaum, der seine Nadeln im Winter wie ein Laubbaum abwirft. Der Weg führt dann wieder aus dem Wald, und wir können ein Stück an der Steilküste mit weitem Blick über die Schlei entlangwandern. Wenn die ausgedehnte Röhrichtfläche vor uns auftaucht, biegen wir in den Weg ein, der zwischen Wald und Feuchtfläche entlangführt. Geradeaus weiter am Schleiufer käme man an einer Badestelle vorbei nach Weseby, von wo man auch durch den Wald zurück nach Missunde käme (siehe Fahrrad-Tour „Westliche Schlei" S. 107).

Wir halten uns zunächst rechts am Röhricht und gehen dort, wo ein kleiner Teich vor uns auftaucht, am Waldrand bergan, später haben wir ein Feld zur Rechten. Dort führt der Weg wieder links in den Wald. Wir halten uns immer geradeaus, bis er auf die Asphaltstraße biegt und durch den Ort Missunde wieder zur Fähre führt; wir können auch noch etwas länger im Wald bleiben, indem wir uns, kurz bevor der Weg nicht mehr geradeaus führt, links wenden, um die Schlei noch einmal durch die Bäume zu sehen. Danach gehen wir auf dem gleichen Weg wie zu Beginn zum Café zurück.

Wanderung

Maasholm – Oehe – Schleimünde
Entfernung: ca. 9 km; Wanderdauer: ca. 2 Stunden
Maasholm ist ein malerisch an der Spitze einer kleinen Halbinsel nahe der Schleimündung gelegener Fischerort, von dem aus man eine schöne Ostseewanderung am Naturschutzgebiet „Oehe-Schleimünde" vorbei unternehmen kann.

Der Ort des heutigen Maasholm ist die dritte Stelle, an der diese Siedlung errichtet worden ist. Ältere Gründungen im Bereich der Schleimündung lagen zu niedrig und waren bei hohem Wasserstand der Schlei sehr gefährdet. Als die Maasholmer im Jahre 1701 das Angebot des Gutsherrn von Oehe erhielten, an der vergleichsweise hoch gelegenen Stelle des heutigen Maasholm zu siedeln, nahmen sie an und wurden dadurch Hörige des Gutes Oehe. 1805 endlich erstritten sie

Auf etwas windgeschütztem Sandstrand und Dünen findet der Strandroggen (oben) seinen Lebensraum. Es wird aufgrund seines bläulich-glänzenden Aussehens auch „Blauer Helm" genannt.

An der künstlich offen gehaltenen Verbindung der Schlei zur Ostsee (rechts) steht auf der Lotseninsel der Leuchtturm von Schleimünde. An der Schleimündung befindet sich auch das Naturschutzgebiet „Oehe-Schlei-münde", eines der bedeutendsten Seevogelschutzgebiete der deutschen Ostseeküste.

sich ihre Freiheit. Die bedeutendsten Wirtschaftsfaktoren waren durch die Jahrhunderte Schiffahrt und Fischerei; in heutiger Zeit gewinnt auch der Fremdenverkehr zunehmend an Bedeutung.

Als Startpunkt der Wanderung ist der Ortseingang von Maasholm (mit Parkplatz) geeignet. Von hier führt ein Rad- und Wanderweg direkt am Wasser des Wormshöfer Noors entlang Richtung Norden. In Wormshöft überqueren wir die Hauptstraße und gehen rechts Richtung Maasholm-Bad. Durch diese Ferienhaussiedlung hindurch erreichen wir das Gut Oehe, das wir links zum Ostseestrand hin umwandern. Auf dem Strandweg laufen wir am Gut vorbei; hier stehen, nahe am Ufer der Ostsee, einige herrliche, flechtenbewachsene alte Pappeln.

Der Weg geht von hier etwas oberhalb des Strandes entlang und führt direkt zum Naturschutzgebiet und zur Holzhütte des Vogelwärters, die auch gleichzeitig Informationszentrum ist. Auf diesem Teilstück gibt es Möglichkeiten zu einem kleinen Bad in der Ostsee. Der botanisch Interessierte kann hier, wie auch im weiteren Verlauf der Wanderung entlang der Ostsee, einige Salz- und Strandpflanzen bestimmen: Neben Salzmiere, Strandroggen, dem aromatisch duftenden Strandbeifuß, dem gelb blühenden Scharfen Mauerpfeffer und dem bis zu 75 Zentimeter hohen blaugrauen Meerkohl kann man hier die sehr seltene Stranddistel finden.

Das Naturschutzgebiet darf nur während der täglichen, etwa zwei Stunden dauernden Gruppenführungen mit dem Vogelwärter betreten werden. Die Führungen beginnen jeden Morgen außer montags um 10.00 Uhr an der Holzhütte (Info unter ☎ 046 42 / 61 17 und 68 17 oder direkt beim Verein Jordsand in Ahrensburg). Es werden für Besucher, die mit der Fähre zur Schleimündung fahren, auch Führungen von dort in das Naturschutzgebiet angeboten.

Das Schleihaff verdankt, ebenso wie der Schwansener See, seine Entstehung u. a. dem vom Schönhagener Kliff durch Stürme abtransportierten Sandmaterial, das durch Strömungen vor der Schleimündung abgelagert wurde. Durch die Versandung der Schleimündung wurde es notwendig, mit einem künstlichen Durchstich die Verbindung der Förde mit der Ostsee zu erhalten. Heute ist die Einfahrt an der Mündung in Höhe des Leuchtturms etwa 150 Meter breit.

Die Vogelfreistätte „Oehe-Schleimünde", die seit ihrer Gründung vom Verein Jordsand betreut wird, ist seit 1927 als Naturschutzgebiet gesichert. Nach der neuesten Verordnung vom März 1988 umfaßt das NSG eine Fläche von 362 Hektar. Die wertvollen Windwatten östlich der Halbinsel in der Schlei wurden mit in das Schutzgebiet aufgenommen. Derartige an unserer Küste sehr selten gewordene Windwatten entstehen – im Gegensatz zu den durch Tidenhub entstandenen großflächigen Watten der Nordsee – auf Meeresflächen, die durch unterschiedliche Windverhältnisse trockengefallen sind. Daneben kommen im Gebiet großflächig Ostsee-Salzwiesen und Trockenrasen sowie Bereiche mit Strandbeifußgestrüpp, Brackwasser-Röhricht und Meerbinsen-Ried vor. Insgesamt leben hier ca. 160 Pflanzenarten, von denen über 20 gefährdet sind.

Besondere Bedeutung kommt diesem NSG für die Vogelwelt zu. Neben verschiedenen Entenarten, Gänsen, Schwänen und Kleinvögeln brüten mehrere Limikolenarten, Seeschwalben und Möwen im Schutzgebiet. Die größten Bestände bildet die Sturmmöwe, aber auch Silber- und Lachmöwe sowie Küstenseeschwalben und Brandgänse können Bestände von über hundert Brutvögeln erreichen. Besonders bemerkenswert ist das Brutvorkommen des Mittelsägers mit etwa 30 Paaren. Weit über 200 Vogelarten können als Rast- und Zugvögel im Herbst und Frühjahr hier angetroffen werden. Bedrohungen für die Vogelwelt enstehen durch den Flugverkehr, durch Tourismus, Eiersammler und Verschmutzung, aber auch durch natürliche Faktoren wie Hochwasser, Füchse und Marder. Diese können während der Brutzeit die Bestände der auf den Nestern sitzenden Vögel, der Eier und Jungtiere erheblich lichten.

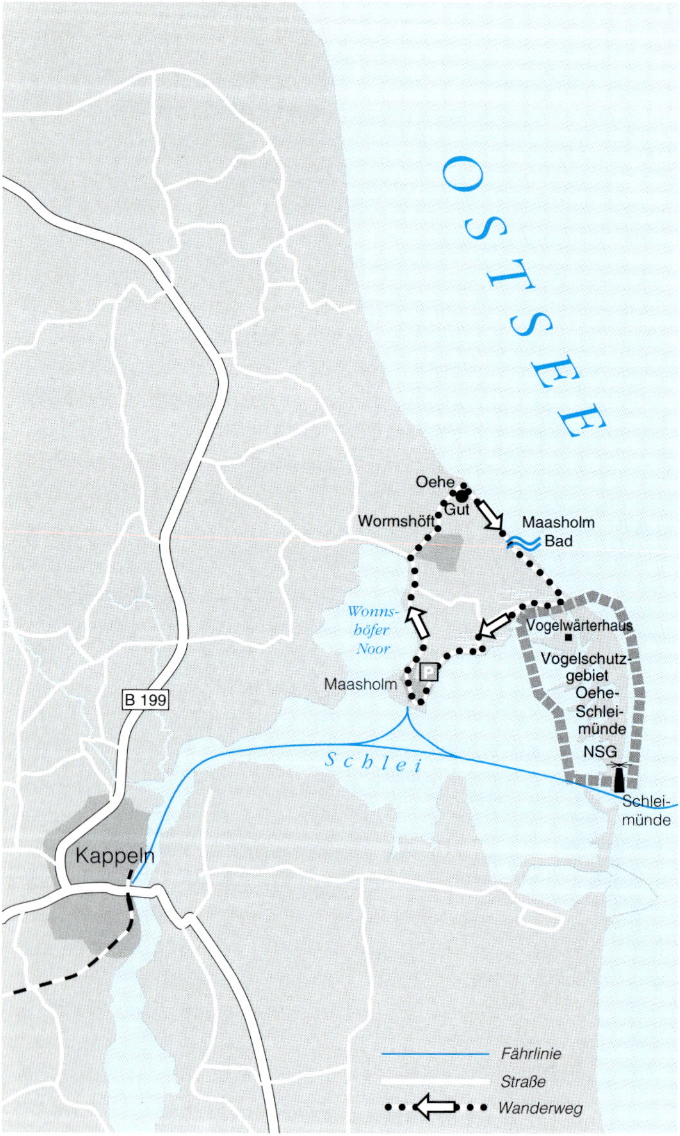

O S T S E E

Oehe
Gut
Wormshöft
Maasholm
Bad

*Wonns-
höfer
Noor*

Vogelwärterhaus

Vogelschutz-
gebiet
Oehe-
Schlei-
münde
NSG

Maasholm

B 199

S c h l e i

Schlei-
münde

Kappeln

	Fährlinie
	Straße
●●●⇦●●●	Wanderweg

Der weitere Weg von der Hütte des Vogelwärters nach Maasholm führt etwas erhöht am Ufer entlang, wobei man einen sehr schönen Blick über das Naturschutzgebiet, die Schleimündung und die Ostsee hat; dies gilt besonders für den Rundblick, der sich von der Anhöhe beim Schöpfwerk bis nach Maasholm und ins Binnenland auftut.

Kurz vor Maasholm gibt es die Gelegenheit, rechts direkt zum Ortseingang zurückzugehen. Der weitere Weg hingegen führt am Ufer entlang zum Hafen. Hier können Sie frischen Fisch und Fischbrötchen kaufen und dem Treiben im Hafen zusehen. Die Schleifahrten steuern Maasholm auf ihren Touren an, und von hier aus starten auch Hochsee-Angelfahrten auf die Ostsee, die ganzjährig stattfinden (Info: ☎ 0 46 42 / 60 62 und 66 62).

Der Rückweg bis zum Ortseingang führt auf der Hauptstraße durch den Ort, wo verschiedene Restaurants am Wege liegen, die insbesondere mit frischen Fischgerichten aufwarten können.

Radtour

Westliche Schlei

Haithabu – Borgwedel – Missunde – Gut Winning – Schleswig
Entfernung: ca. 37 km; Dauer: ca. 4 Stunden

Start der Tour ist Haithabu am Haddebyer Noor an der B 76 südlich von Schleswig. Ein Besuch im Wikingermuseum vor oder nach der Tour ist zu empfehlen, ebenso eine Wanderung um das Haddebyer Noor (siehe: Der besondere Tip S. 172 und Wanderung „Rund ums Haddebyer Noor" S. 96). Zunächst geht es an der B 76 entlang, vorbei an der St. Andreaskirche von Haddeby und dem Campingplatz über die Verbindung des Noors mit der Schlei. Kurz darauf biegen wir links nach Fahrdorf ab und durchfahren den Ort. Hier können Kunstinteressierte die „Lütt Galerie" besuchen, in der neben wechselnden Ausstellungen Werke des aus Laboe bei Kiel stammenden und an der Schlei lebenden Malers Rolf Heckt (Strandholm 2; ☎ 0 46 21 / 3 39 89) gezeigt werden.

Danach geht es durch Stexwig, vorbei an der Stexwiger Enge und dem gegenüberliegenden Naturschutzgebiet „Reesholm". Im Ort fahren wir, nach Passieren des Altersheims, in den Koppelweg und halten uns, die Schlei zur Linken und das Windrad Stexwig zur Rechten, nach Borgwedel. Dort biegen wir mit dem Europäischen Fernwanderweg „Ostsee-−Wachau−Adria" (weißes Andreaskreuz) zur Schlei ab. Der Weg führt vorbei an einer Badestelle und der Jugendherberge. Als zum Teil sandiger und holperiger Wanderweg (eventuell Schieben notwendig) lenkt er uns zum Schloß Louisenlund.

Hier halten wir uns auf dem Weg, der zwischen Schloß und Schlei entlangführt, und fahren nach dem Passieren des anmutigen Hauses auf der Allee Richtung Fleckeby weiter.

Louisenlund, das 1772−1776 erbaut wurde, war die Sommerresidenz des Landgrafen Carl von Hessen-Cassel, der für die Geschichte des dänischen Gesamtstaates eine wichtige Rolle spielte. Er benannte das Schloß nach seiner Frau Louise, Tochter des dänischen Königs Friedrich V. und Schwester Christians I. Carl von Hessen-Cassel war auch mit Friedrich dem Großen befreundet; beide waren eifrige Freimaurer. Heute ist Louisenlund Gymnasium und Internat der Stiftung Louisenlund. Etwa 350 Jungen und Mädchen gehen hier zur Schule. Eine Besichtigung ist nach vorheriger Anmeldung für Gruppen möglich (☎ 0 43 54 / 1 73 00 und 1 73 01). Sehenswert ist auch der englische Park auf der Rückseite des Hauptgebäudes, der in waldreiches Gelände übergeht.

In Fleckeby biegen wir an der Hauptstraße links ab. Gleich am ersten Haus mit Reetdach auf der linken Seite ist das alte Schleswig-Holsteinische Wappen von 1761 angebracht. Auf der B 76, an Gaststätte und Imbißstube vorbei, erreichen wir nach Verlassen des Ortes die Abzweigung nach Hütten. Hier biegen wir links ab und kommen an einer kleinen Badestelle wieder an die Schlei, wo wir einen herrlichen Blick über die Große Breite genießen können. Hier wenden wir uns nun,

auf einem sandigen Weg am Holmer See vorbei, nach Weseby. Wir biegen gleich rechts ab, fahren dann vor dem
Langsee links und erreichen auf gut ausgebauter Asphaltstraße durch den Wald den Ort Missunde, den wir durchqueren, um die Fähre über die Schlei zu erreichen. Zu beiden
Seiten des Ufers können Sie gut einkehren. Auf diesem Ufer
liegt das Terrassen-Café „Missunde" (☎ 0 43 54 / 14 14) mit
seinem schönen Blick auf die Schlei; am anderen Ufer das
Restaurant-Café „Missunder Fährhaus" mit reicher Auswahl
an Fischgerichten (☎ 0 46 22 / 6 26; im Winter Montag und
Dienstag Ruhetag). Hier kann man im Sommer im Kaffee-
garten sitzen und auf die Schlei schauen.

Vom Terrassen-Café „Missunde" aus kann man außerdem
eine schöne Wanderung durch den Wald und am Schlei-Steil-
ufer entlang unternehmen (siehe Wanderung „Wald- und
Schleiuferweg bei Missunde" S. 99).

Am anderen Ufer der Schlei führt uns der Weg zunächst hin-
auf nach Brodersby. Hier gibt es ein Dorfmuseum (geöffnet
Samstag 9.00−12.00 und 14.00−17.00 Uhr; von April−Okt.
Samstag geöffnet, im Winter samstags geschlossen, und nach
Vereinbarung; ☎ 0 46 22 / 5 64), und eine kleine romanische
Feldsteinkirche aus dem 12. Jahrhundert mit eingezogenem
Kastenchor und schwarzem hölzernem Glockenturm. An der
Kreuzung geht es weiter Richtung Schleswig und Füsing. In
Füsing biegen wir, am „Gasthof Petersen" vorbei, am Ortsende links Richtung Winningmaystraße ein. Der Weg beschreibt einige Kurven, – nicht in die Sackgassen fahren! –,
geht vorbei am Café-Restaurant „Winningmay" (☎ 0 46 22 /
26 90) und führt uns an eine Badestelle (auch für Surfer) an
der Schlei. Wenn wir uns links wenden, erreichen wir das
Naturschutzgebiet „Reesholm/Schlei", ein Brackwasser-Öko-
system mit interessanter Pflanzenwelt und einiger Bedeutung
für die Brutvogelwelt. Daher ist das Gebiet in der sommerlichen Brutzeit gesperrt (15. März bis 1. September).

Unser Weg führt nun, etwas holperig, direkt am Röhricht
der Schlei entlang. Nach Überquerung der Holzbrücke über

Das idyllisch an der Großen Breite der
Schlei gelegene Herrenhaus Louisenlund
dient heute als Bildungseinrichtung
einer Stiftung.

Unweit der Schlei nahe dem Brodersbyer Noor steht die kleine romanische
Feldsteinkirche von Brodersby aus dem
12. Jahrhundert mit ihrem schwarzen
hölzernen Glockenturm, der sich an den
weiß verputzten Bau anlehnt.

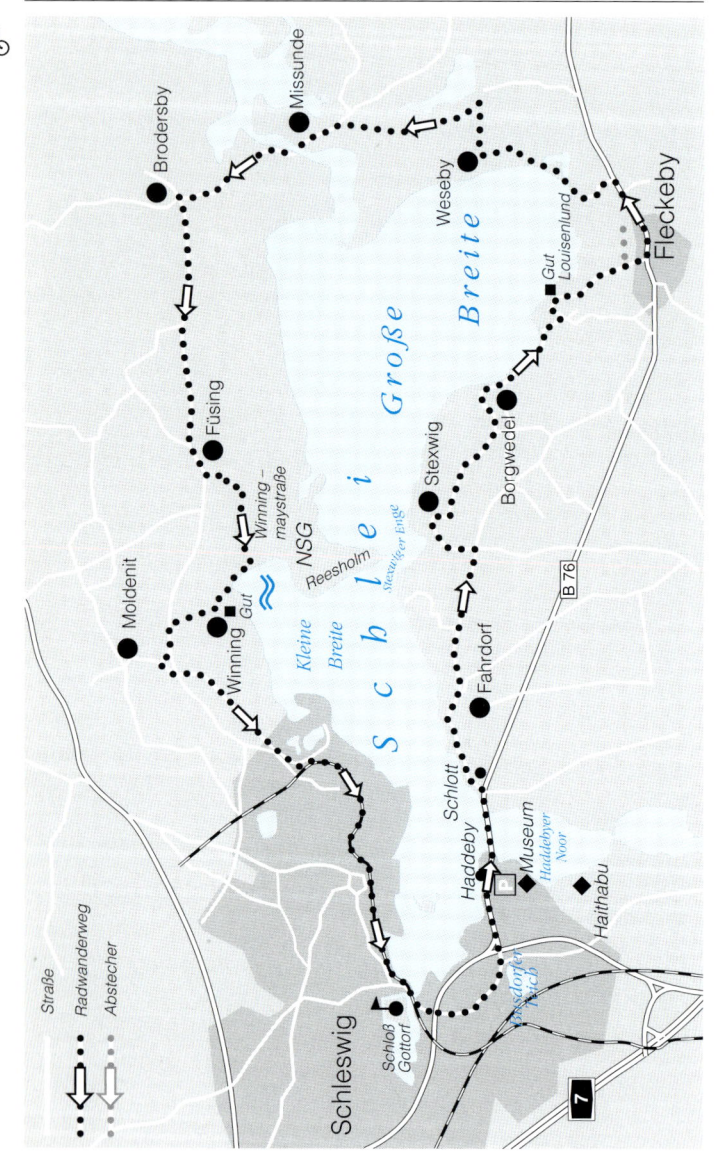

Missunde

Brodersby

Weseby

Breite

Gut Louisenlund

Fleckeby

Fusing

Große

Winning–maystraße

NSG

Reesholm

Stexwiger Enge

Moldenit

Gut Winning

Kleine Breite

Stexwig

Borgwedel

B 76

S c h l e i

Fahrdorf

Schlott

Haddeby

Museum

Haddebyer Noor

Haithabu

Schleswig

Schloß Gottorf

Selker Noor

7

Straße

Radwanderweg

Abstecher

die Füsing Au kommen wir am Gut Winning vorbei und fahren eine lange, schattige Lindenallee entlang. Kurz vor der Hauptstraße biegen wir links in die Kastanienallee ein. Diese überquert später die Hauptstraße und führt uns nach Moldenit, wo die Alte Kreisbahntrasse, auf der wir direkt nach Schleswig hineinkommen (siehe Radtour „Alte Kreisbahntrasse" S. 72), kreuzt. Am Ende der ehemaligen Bahnstrecke in Schleswig, unweit des Holm und des Doms, sind es noch fünf Kilometer bis Haithabu.

Wir fahren zunächst parallel zu den Bahnschienen. Diese Straße biegt später ans Wasser ab. Wir halten uns auf ihr, bis wir das Schloß Gottorf rechter Hand liegen sehen. Hier biegen wir links ab, um kurz darauf nochmals links abzubiegen. Nun folgen wir den gelben Hinweisen für Radfahrer Richtung Kiel/Rendsburg und erreichen die B 76, an der wir auf dem Radweg entlangradeln bis es rechts wieder zum Museum Haithabu abgeht.

Radtour
Mittlere Schlei
Missunde – Ulsnis – Lindaunis – Ornumer Noor – Missunde
Entfernung: ca. 33 km; Dauer: 3,5 Stunden
Die erlebnisreiche Tour entlang des mittleren Schleiabschnitts führt leider nur an wenigen Stellen direkt an der Schlei entlang, aber immerhin ergeben sich verschiedene schöne Aussichten aufs Wasser.

Bei Missunde erreicht die Schlei eine Tiefe von sieben Metern. Ihre Breite beträgt hier allerdings nur 135 Meter, weshalb die Stelle für einen Fährbetrieb wie geschaffen ist. Um das Danewerk zu umgehen, haben deutsche Truppen mehrfach versucht (in den Jahren 1848, 1858 und 1864), die von den dänischen Truppen gut gesicherte Enge bei Missunde zu überqueren. Zahlreiche Soldatengräber, z. B. in Brodersby, Kosel, Ornumer Mühle und Missunde, zeugen von den zahl- und verlustreichen deutsch-dänischen Auseinandersetzungen.

Die kombinierte Eisenbahn-Auto-
Brücke von Lindaunis ist neben den
Fähren von Arnis und Missunde und der
Drehbrücke bei Kappeln die vierte
Möglichkeit, trockenen Fußes über die
Schlei zu gelangen.

Das unweit der Schlei liegende Herrenhaus Stubbe wurde in den Jahren 1804
bis 1808 erbaut. Das Gut zählt zu den
ältesten Siedlungen Schwansens.

Wir beginnen die Tour am Nordufer beim Restaurant-Café „Missunder Fährhaus" (☎ 04622/626; im Winter Montag Ruhetag).

Von Missunde geht es zunächst nach Brodersby, wo es ein Dorfmuseum und eine romanische Feldsteinkirche gibt. An der Hauptstraße halten wir uns rechts und fahren über Groß Brodersby und Goltoft nach Ulsnis. Abstecher an die Schlei sind möglich, allerdings muß man danach auf gleichem Weg zurückfahren.

In Ulsnis steht, etwas erhöht gelegen, eine romanische Feldsteinkirche aus dem 12. Jahrhundert. Der hölzerne Glockenturm aus dem 16. Jahrhundert steht etwas abseits. Interessant sind die Steinreliefs am Südportal, die zwei kämpfende Löwen und Christus mit Kain und Abel zeigen. Von der Kirche aus hat man einen schönen Blick auf die Schlei.

Von Ulsnis fahren wir, vorbei am Gasthof „Ulsnis Kirchenholz" (☎ 04641/8323), nach Kius, wo es ein Heimatmuseum gibt, das nach Vereinbarung (☎ 04641/3328) besichtigt werden kann. Ein Stück die Hauptstraße entlang und weiter Richtung Gunneby umrunden wir das Gunnebyer Noor. Ein Abstecher rechts Richtung Böckenis führt zu einer Badestelle. Wir fahren Richtung Dallacker und Lindau, wo eine restaurierte und funktionsfähige Holländermühle steht, die aber im Ort Lindau nicht direkt an unserem Weg liegt. Nach dem Lindauhof, wo sich die Praxis des Fernsehserien-Landarztes befindet, biegen wir nach rechts, überqueren das Lindauer Noor und gelangen zur Klappbrücke von Lindaunis; kurz davor liegt das Restaurant „Schleigarten" (☎ 04641/3412; Montag Ruhetag).

Die urige Klappbrücke, die im Jahre 1880 eingeweiht wurde, ist sowohl für den Zug- als auch für den Autoverkehr sowie für Radler und Fußgänger benutzbar. Wir radeln also über die Schlei, wobei Vorsicht bei den Schienen auf der Brücke geboten ist, um nicht mit den Reifen in den Rillen steckenzubleiben. Wir fahren ein Stück auf der Straße und biegen bei der ersten Möglichkeit rechts ab, wobei wir die Schienen überqueren. An einer kleinen Allee liegt das schlichte klassizistische Herrenhaus Stubbe vor uns, das in den Jahren 1804–1808 erbaut worden ist. Der Weg, der geradeaus am Herrenhaus vorbeigeht, führt als Wanderweg an der Schlei entlang.

Wir jedoch biegen kurz vor dem Herrenhaus an einer alten Eiche links ab. Vorbei an Weiden und Feldern wenden wir uns an einer alleinstehenden Eiche mit Holzbank davor rechts in den Wald und halten uns geradeaus. An der Gabelung fahren wir rechts, verlassen den Wald wieder und gelangen so auf einen Weg, der einsam über Felder und am Waldrand entlangführt. Nach ca. einem Kilometer geht rechts der Wanderweg in den Wald und zur Schlei hinunter. Am Wasser, an das der Wald landschaftlich sehr reizvoll heranreicht, halten wir uns links. Der Untergrund ist zum Teil sandig und steinig, so daß eventuell geschoben werden muß. An einem kleinen Sportboothafen entlang biegt der Weg von der Schlei ab und führt vorbei am Gut Büstorf zur Hauptstraße, wo wir uns kurz links halten und gleich darauf wieder Richtung Sonderby abbiegen. Geradeaus geht es an der Mühle von Norby vorbei nach Rieseby, wo eine spätromanische Backsteinkirche von 1220–1230 steht. Hier gibt es auch Gaststätten, z. B. den „Rieseby Krog" (☎ 0 43 55 / 2 78; Montag Ruhetag, Dienstag ab 17.00 Uhr).

In Sonderby hinter dem Reetdachhaus biegen wir rechts ein. Der Sandweg schlängelt sich etwas und endet als Betonspurweg in Eschelsmark, wo wir rechts fahren und an einem Kriegerdenkmal die Hauptstraße erreichen. Etwas rechts über Bohnert geht es zur Königsburg und zu einigen Badestellen an der Schlei. Wir fahren indes links weiter. Ohne Radweg passieren wir rechter Hand das Ornumer Noor und biegen Richtung Ornum ab. Von dort haben wir einen herrlichen Blick auf das Noor bis hin zur Schlei selbst. Das Ornumer Noor ist die schmalste der von der Schlei tief ins Land eingeschnittenen Buchten. Am Gut Ornum und am Soldatengrab von 1864 vorbei erreichen wir, am Ende rechts abbiegend,

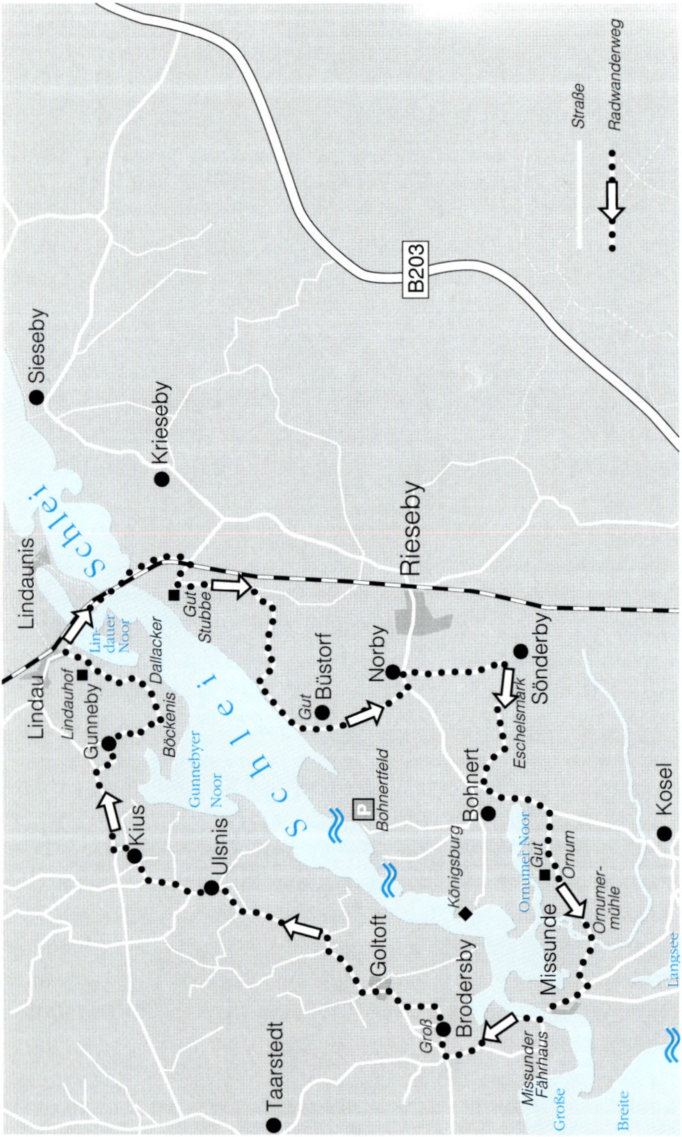

Straße
Radwanderweg

B203

Sieseby

Krieseby

Rieseby

Schlei

Lindaunis

Lindau

Lindauhof

Lin-
dauer
Noor

Gut
Stubbe

Dallacker

Gut

Büstorf

Norby

Sönderby

Eschelsmark

Gunneby

Böckenis

Gunnebyer Noor

Schlei

Bohnertfeld

Bohnert

Kosel

Kius

Ulsnis

Königsburg

Ornumer Noor

Gut
Ornum

Ornum

Ornumer-
mühle

Missunde

Langsee

Goltoft

Brodersby

Groß

Missunder
Fährhaus

Große

Breite

Taarstedt

wieder Missunde. Direkt am Ortseingang stehen ein Denkmal für im Jahre 1864 bei Missunde gefallene Soldaten und
etwas oberhalb davon ein Großsteingrab. Hierbei handelt es
sich um eine Grabanlage aus der Jüngeren Steinzeit
(2900−2600 v. Chr.). Durch den Ort Missunde radelnd, erreichen wir wieder den Fähranleger mit dem Terrassen-Café
„Missunde" (☎ 0 43 54 / 14 14).

Radtour
Östliche Schlei
Kappeln – Arnis – Sieseby – Lindaunis – Grödersby – Kappeln
Entfernung: ca. 33 km; Dauer: gute 3 Stunden
Wir beginnen unsere Tour an der hoch über Kappeln aufra-
genden und von der Schlei aus weithin sichtbaren Holländer-
Windmühle „Amanda" von 1888
Von der Mühle aus begeben wir uns durch die Stadt hinunter
zum Hafen und zur alten Drehbrücke, die die Landschaften
Schwansen und Angeln verbindet. Wir bleiben zunächst in
Angeln und verlassen, am Museumsbahnhof und am Museumshafen vorbei, Kappeln auf dem Nestleweg. Auf einem
schönen Wander- und Radweg nahe der Schlei gelangen wir
dann nach Arnis. Die gesamte Radstrecke ist markiert mit
orangefarbenen Schildern „Rad-Wanderweg Kappeln−Ost-
see 2".
In Arnis, der kleinsten Stadt Schleswig-Holsteins, begeben
wir uns zur Fähre, die uns nach Schwansen übersetzt. In dem
malerischen Ort mit seinen alten Häusern gibt es eine
sehenswerte Schifferkirche, die im Jahre 1673 erbaut und
1825 durch einen hölzernen Westturm erweitert wurde. Am
Fähranleger gibt es im Gasthaus „Zur Fähre" guten selbstge-
backenen Kuchen (☎ 0 46 42 / 30 50; Oktober bis Karfreitag
geschlossen, Montag Ruhetag); ein kleines Stück schleiaufwärts steht auf Holzpfählen in der Schlei das Restaurant
„Zur Schleiperle" (☎ 0 46 42 / 20 85).
Auf der anderen Uferseite fahren wir von Sundacker nach
Winnemark. Hier kommen wir an der Kunstschmiede vorbei.

Am Campingplatz biegen wir hinter dem Gasthof „Victoria" Richtung Steinerholz ab. Im folgenden führt der Weg zum Gut Bienebek und überwiegend nahe an der Schlei und landschaftlich reizvoll an kleinen Sandstränden und Röhrichtstreifen entlang. Wir erreichen bald die „Perle der Schlei", den Ort Sieseby mit einem kleinen Hafen und einer Badestelle. Viele reetgedeckte Fachwerkhäuser und eine romanische Kirche mit gotischen Gewölben, die um 1200 erbaut wurde, laden zu einem kleinen Gang durch Sieseby ein, den man im hübschen Restaurant „Schlie-Krog" (☎ 0 43 52 / 25 31, Montag Ruhetag) enden lassen kann.

In Sieseby führt der Weg von der Schlei weg; an der Hauptstraße fahren wir rechts und kommen zum Gut Krieseby, einer gut erhaltenen barocken Hofanlage.

Wir biegen dann Richtung Lindaunis ab. An dem scharfen Rechtsknick, dem wir folgen und der uns zur Schlei führt, geht ein Abstecher geradeaus über die Bahn zum Gut Stubbe (siehe Radtour „Mittlere Schlei" S. 113). Die Klappbrücke von Lindaunis mit ihrer einspurigen Strecke wird vom Bahnverkehr, von Autos, Radfahrern und Wanderern genutzt.

Auf der anderen Seite der Schlei liegt das Restaurant „Schleigarten" (☎ 0 46 41 / 34 12, Montag Ruhetag). Etwas nördlich liegt Lindauhof. Durch Lindaunis rechts nach Ketelsby abbiegend, kommen wir nach Pagerö (kein Radweg auf dieser Strecke). Von hier fahren wir, stets mit Blick über das Wasser, am Schlei-Camping-Karschau (☎ 0 46 42 / 34 11) vorbei nach Grödersby, wo eine Galerieholländer-Mühle von 1888 steht. Hier biegen wir Richtung Kappeln ab und überqueren die Bahnschienen, auf denen die Dampfeisenbahn von Kappeln nach Süderbrarup verkehrt.

An der B 202 radeln wir rechts nach Kappeln, folgen dort den Schildern „Information" und gelangen zur Mühle „Amanda" zurück.

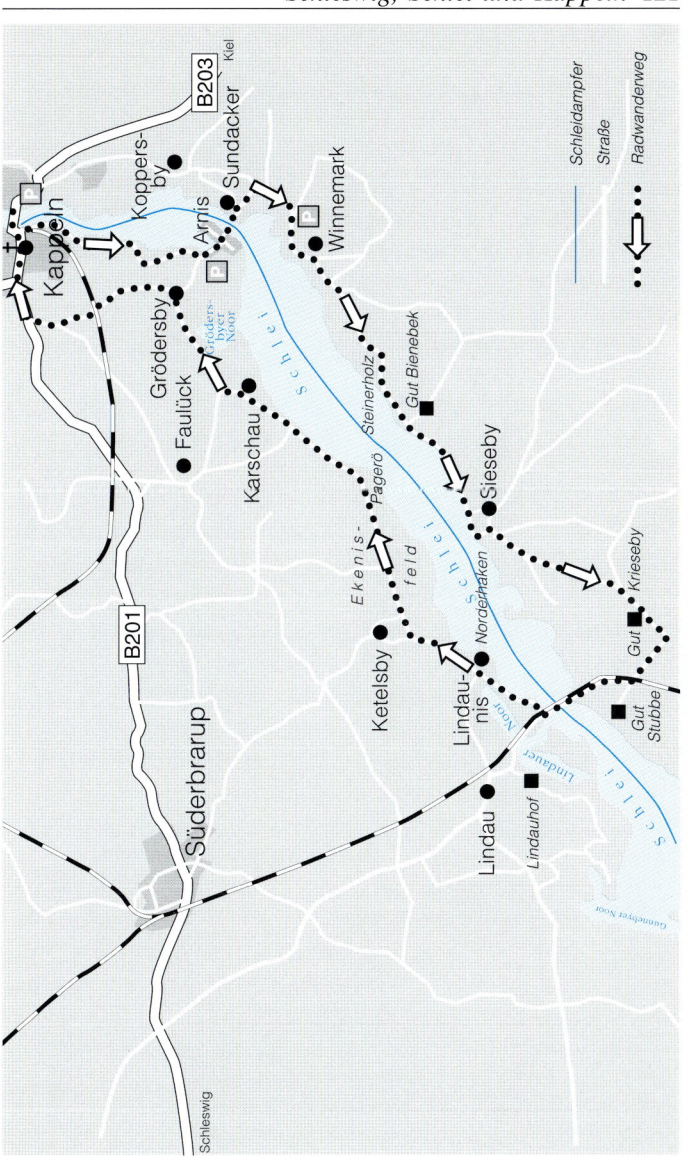

Das Auflegen eines Reetdaches ist eine seit Jahrhunderten bewährte Form des Dachdeckens (oben); hier in Brodersby an der Schlei.

Für Wassersportler aller Art ist die Schlei (links) ein besonders attraktives Gebiet. Hier der Blick auf die die Schlei überragende Mühle von Lindau.

Restauranttips

Schleswig:

Friesenstube
Fischbrückstraße 15
24837 Schleswig
☎ 0 46 21 / 2 34 68
Januar und Februar ge-
schlossen, im Winter
Montag Ruhetag;
Nahe der Fischersiedlung
Holm kann man unter
Obstbäumen und Efeu im
Freien sitzen und Fisch-
gerichte essen.

Fischrestaurant Schleimöwe
Süderholmstr. 8
24837 Schleswig
☎ 0 46 21 / 2 43 09
Reichhaltige Auswahl an
Fischgerichten, in der
Fischersiedlung Holm.

Balkan Stuben
Gottorfer Damm 1
24837 Schleswig
☎ 0 46 21 / 2 22 55
Internationale und kroati-
sche Spezialitäten, am Ufer
der Schlei gelegen.

*Hotel Restaurant
Waldschlößchen*
Kolonnenweg 152
24837 Schleswig
☎ 0 46 21 / 38 32 83
Sehr gute Küche beim
Koordinator des Schleswig-
Holstein Gourmet
Festivals.

*Restaurant-Café
Wikingturm*
Wikingeck 5 (26. Etage)
24837 Schleswig
☎ 0 46 21 / 3 30 40
Dezember bis März,
Montag Ruhetag;
Schleibutt, Schleihering
und Schwansener Sauer-
fleisch, unvergleichlicher
Blick auf Schleswig und
die Schlei hinauf.

Hotel Restaurant
Olschewski's
Hafenstraße 40
24837 Schleswig
☎ 0 46 21 / 2 55 77
Dienstag abend geschlos-
sen; Hausgebackener
Kuchen und Fischgerichte,
mit Terrasse und Blick auf
die Schlei.

Hotel Gottorfer Hof
und Weißer Schwan
Gottorfstr. 1 u. 7
24837 Schleswig
☎ 0 46 21 / 9 39 90
Holsteiner Spezialitäten,
Fischgerichte, nahe dem
Schloß Gottorf.

Lobby Alt Schleswig
Plessenstraße 15
24837 Schleswig
☎ 0 46 21 / 2 88 87
Sonntag Ruhetag;
Besonderheit: Ver-
schiedene Gerichte mit
Straußenfleisch, im Stil der
goldenen 20er Jahre ein-
gerichtet.

Barcafé Bistro Maske
Theaterstraße
24837 Schleswig
☎ 0 46 21 / 2 89 99
Kulinarische Leckerbissen
der spanischen Küche
(Tapas).

Kappeln:

ASC Poseidon
Am Yachthafen
24376 Kappeln
☎ 0 46 42 / 21 58
Blick auf die Schlei, am
Yachthafen, reiches Fisch-
angebot, zu den Herings-
tagen Heringsvariationen
in fünf verschiedenen
Sorten.

Alt Kappeln
Poststr. 13
24376 Kappeln
☎ 0 46 42 / 22 75
Spezialität: Gegrillte
Speerrippe.

Café Kö
Am Hafen 12
24376 Kappeln
☎ 0 46 42 / 23 73
Billard und Pizza;
besonders für junge Leute
geeignet.

Fährschenke Kappeln
Am Hafen 10
24376 Kappeln
☎ 0 46 42 / 35 66
Reichhaltige Speisekarte,
Fischspezialitäten; Blick
auf Schlei und Brücke.

Palette
Kehrwieder 1
24376 Kappeln
☎ 0 46 42 / 32 33
Wechselnde Tageskarte,
auch vegetarische Gerichte;
Zimmertheater und Kultur-
kneipe.

Hotel Restaurant Café
Alte Schiffsgalerie
Flensburger Str. 17
24376 Kappeln
☎ 0 46 42 / 50 51 u. 50 52
Gutbürgerliche Küche und
Fischspezialitäten; Aus-
stellung alter Schiffs-
modelle.

Aurora Landarztkneipe
Rathausmarkt 6
24376 Kappeln
☎ 0 46 42 / 40 88
Spezialitäten: Graved
Lachs, Hereford Steaks;
der zweite Name der Gast-
stätte ist hinzugekommen,
weil einige Szenen der
gleichnamigen Fernsehserie
hier gedreht wurden.

Hotel Restaurant
Stadt Kappeln
Schmiedestr. 36
24376 Kappeln
☎ 0 46 42 / 40 21
Regionale, klassische
Küche, gute Auswahl an
Fischgerichten.

Rikate
Fischergang 2
24376 Kappeln-Ellenberg
☎ 0 46 42 / 84 83
Montag Ruhetag;
Kunstgenuß in alter Reet-
dachkate bei selbst-
gebackenem Kuchen.

Maasholm:

Martensens Gasthaus
Hauptstr. 38
24404 Maasholm
☎ 0 46 42 / 60 42
Montag Ruhetag;
Fischgerichte in reicher
Auswahl, Matjes in allen
Variationen.

*Restaurant, Café,
Gästezimmer Schleieck*
Schmiedestr. 140
24404 Maasholm
☎ 0 46 42 / 60 16
Montag Ruhetag;
Fischgerichte; Kaffee und
Kuchen, nahe dem Park-
platz am Ortseingang.

Seglerbörse
Hauptstr. 60
24404 Maasholm
☎ 0 46 42 / 62 00
Reichhaltiges Angebot an
Fischgerichten; im Sommer
ist der Biergarten geöffnet.

Arnis:

*Café und Restaurant
Zur Schleiperle*
24399 Arnis
☎ 0 46 42 / 20 85
Zahlreiche Fischgerichte;
urige Lage auf Holzpfählen
direkt an der Schlei.

Landhaus Arnis
Lange Straße 85
24399 Arnis
☎ 0 46 42 / 49 84
Besonders Fisch, zum Teil
direkt vom Kutter.

Zur Fähre
24399 Arnis
☎ 0 46 42 / 30 50
Köstlicher selbst-
gebackener Kuchen, auch
aus Vollkorn; liegt an der
Fähre mit Blick auf die
Schlei.

Eckernförde und Schwansen

Eckernförde: die Stadt der „Kieler Sprotten"

Im Wappen der Stadt Eckernförde, die seit über 150 Jahren Ostseebad ist, findet sich im Gegensatz zu sonst gebräuchlichen Löwen und Adlern ein auffallend friedliches Tier: ein Eichhörnchen, das über eine Burg springt. Der Sage nach konnten nämlich die zahlreichen Eichhörnchen, die früher im Dänischen Wohld lebten, mühelos, ohne den Boden zu berühren, über die dicht stehenden Bäume von Eckernförde nach Kiel springen.

Die Stadt entwickelte sich im Schutz der Eichhörnchenburg (Ykærnæburg), die im Jahre 1231 zum ersten Mal Erwähnung findet. Durch zahlreiche Kriegswirren in den folgenden Jahrhunderten hindurch, in denen die Burg im Jahre 1416 zerstört und wiederaufgebaut wurde, sind die Gilden der Stadt bis heute erhalten geblieben. Ehemals als Schutz- und Sicherheitsbündnisse gedacht, dienen sie heute als Zusammenschlüsse vor allem der Geselligkeit. Im 18. Jahrhundert war Eckernförde zeitweilig eine bedeutende Handelsstadt mit einer stattlichen Flotte.

Der größte Tag in der Geschichte der Stadt war der 5. April 1849 während des schleswig-holsteinischen Befreiungskampfes, als das mit 84 Kanonen bestückte dänische Linienschiff „Christian VIII." bei einem Landungsversuch vor dem Strand von einer Küstenbatterie in die Luft geschossen wurde. Am gleichen Tag der „Seeschlacht von Eckernförde" wurde auch die dänische Fregatte „Gefion" im Handstreich erbeutet. Ihre Galionsfigur ist noch in Eckernförde zu besichtigen.

Heute ist das Ostseebad, dessen vier Kilometer langer Strand sich im Stadtbereich weit zu beiden Seiten der Eckernförder Bucht mit ihren einsamen Steilküsten fortsetzt, mit seinen etwa 23 000 Einwohnern eine wichtige Garnisonstadt der

Bundesmarine. Von den ehemals über 30 Räuchereien sind heute noch drei erhalten, die unter anderem einen Großteil der sogenannten „Echten Kieler Sprotten" liefern.

Zu den besonderen Sehenswürdigkeiten der Stadt gehören zwei Kirchen: St. Nicolai, deren älteste Teile aus dem 13. Jahrhundert stammen, besitzt im Innern viele interessante Kunstschätze. Besonders zu erwähnen sind die Kanzel (1605) Hans Gudewerdts d. Ä. und der Hochaltar (1640) von Hans Gudewerdt d. J., einem der großen Holzschnitzer des Barock, auf dessen Werke wir in vielen Kirchen dieser Gegend stoßen. Am Hafen entlang, wo man Fisch direkt vom Kutter kaufen kann, über eine idyllische Holzbrücke kommen wir zum nördlich liegenden Stadtteil, wo auf einer Anhöhe die andere bedeutende Kirche der Stadt liegt: Die Borbyer Dorfkirche, eine romanische Feldsteinkirche, stammt aus der Zeit um 1200 und besitzt im Innern einen schönen romanischen Taufstein aus Gotland.

Das seit über 15 Jahren bestehende „Kulturzentrum Bootshaus" beinhaltet eine Kupferwerkstatt, die Galerie „Nemo", die sich besonders der Kunst in Nordeuropa widmet, und die Stadtbilderei, einen privat betriebenen Kunstverleih (☎ 0 43 51 / 27 50). Nahe der Galerie am Strand und in der Stadt stehen Skulpturen verschiedener Künstler, z. B. eine Hälfte der Skulptur „Brücke über das Meer" von Ojars Pétersons aus Riga, deren andere Hälfte am Rigaer Ostseeufer steht.

Das Heimatmuseum im Alten Rathaus (aus dem 16. Jahrhundert) besitzt unter anderem Ausstellungen zu Höhepunkten der Stadtgeschichte und des Ostseebads sowie zur Geschichte der Elektrotechnik, zur Fischerei und Räucherei.

Schiffsfahrten nach Dänemark und Hochseeangelfahrten starten von Eckernförde aus. Darüber hinaus gibt es ein weitverzweigtes und gut markiertes Wander- und Radwegenetz um Eckernförde, das aber auch Radtouren (zur Zeit insgesamt 350 Kilometer) durch ganz Schwansen, den Dänischen Wohld und die Hüttener Berge einschließt.

Neben der St. Nicolai Kirche gibt es in
Eckernförde auf einer kleinen Anhöhe
noch die alte Dorfkirche von Borby,
eine romanische Feldsteinkirche aus der
Zeit um 1200.

Das Herrenhaus Damp mit dem etwas
entfernt liegenden St.-Johannis-Stift
gehört zu den besonderen Sehenswürdigkeiten einer Schwansen-Wanderung.

Schwansen: das Land der Güter und Herrenhäuser

Die etwa 250 Quadratkilometer große Halbinsel Schwansen gehört, vom äußersten nordöstlichen Zipfel abgesehen, zum Kreis Rendsburg-Eckernförde und wird im wesentlichen durch die Ostsee und zwei ihrer Förden begrenzt: der Schlei im Norden und an der Südseite von der Eckernförder Bucht. Eckernförde und die Gemeinde Kosel stellen die Landgrenze zu den sich anschließenden Landschaften des Dänischen Wohlds und der Hüttener Berge dar.

Schwansen ist ähnlich dem nördlich gelegenen Angeln Bauernland, das in erster Linie aus landwirtschaftlichen Kulturflächen besteht. Durch die inselähnliche Lage ergeben sich auch langgestreckte Küstenabschnitte an der Schlei, der offenen Ostsee und der Eckernförder Bucht mit zum Teil noch sehr abgelegenen Stränden und einsamen Ufern. Von den ehemals ausgedehnten Waldflächen sind nur noch kleine Reste übriggeblieben.

Nach dem Abschmelzen des Eises wurde auch das Schwansener Gebiet frühzeitig von Jägern und Sammlern durchstreift. Es existieren Funde aus der Älteren und Mittleren Steinzeit. Mit der Seßhaftwerdung der Menschen wurden auch große Teile Schwansens besiedelt, und neben Steingeräten stoßen Archäologen vor allem auf die Grabstätten dieser frühen Bewohner der Halbinsel. Da man glauben könnte, daß die hierbei als Baumaterial benutzten tonnenschweren Steine nur von Riesen (Hünen) bewegt worden sein könnten, wurden diese Relikte der Jüngeren Steinzeit gemeinhin als „Hünengräber" bezeichnet. Viele Reste steinzeitlicher Besiedlung wurden überpflügt, oder die Steine wurden zum Bau von Häusern und Straßen verwandt. Dennoch gibt es eine ganze Reihe gut erhaltener und zum Teil auch restaurierter steinzeitlicher Grabanlagen im Lande. Sehr eindrucksvoll ist etwa das 1976 bis 1978 restaurierte Großsteingrab von Karlsminde, das zwischen Eckernförde und Waabs gelegen ist.

Auch aus der Bronze- und Eisenzeit (etwa ab 1700 v. Chr.) liegen aus dem Schwansener Gebiet Funde vor, die eine

Besiedlung in einigen Schwerpunktbereichen belegen. Im 10. und 11. Jahrhundert ließen sich die Wikinger im Gebiet beiderseits der Schlei nieder. Ob die vielen auf -by endenden Ortschaften an der Schlei, was im Altnordischen „Ort" oder „Dorf" bedeutet, bereits auf die Wikinger oder auf erst später im Gebiet lebende dänisch-jütische Einwanderer zurückgeht, ist unklar. Durch Kolonisation aus südlicher Richtung wurde das Gebiet für lange Zeit zweisprachig. Ab dem 17. Jahrhundert wurde nur noch niederdeutsch und später hochdeutsch gesprochen.

Im Laufe des Mittelalters und auch noch später entwickelte sich in Schwansen das unter der Leibeigenschaft und adliger Vorherrschaft entstandene Gutswesen. Die Unterdrückung führte sogar zur Auflösung ganzer Dörfer; die Güter waren Zentren politischen und wirtschaftlichen Lebens. Selbst nach der Aufhebung der Leibeigenschaft Ende des 18. Jahrhunderts änderten sich die Lebensverhältnisse der Menschen zunächst nicht, da die wirtschaftliche Abhängigkeit von der Gutsherrschaft weiterbestand. Die Güter waren weitgehend autark und beschäftigten eine große Zahl von Arbeitern.

Das Ende der Adelsherrschaft kam jedoch auch nach Schwansen: Im Gefolge der Industrialisierung und Technisierung änderten sich die Verhältnisse, und die Dörfer gewannen an Bedeutung; viele Güter gingen in den Besitz von Bürgerlichen über.

Die Dichterin Helene Voigt-Diederichs (1875—1961) erzählt in ihrer 1925 erschienenen Erzählung „Auf Marienhof" vom Leben auf einem Schwansener Gutshof, dem Gut Marienhof bei Sieseby, auf dem sie selbst geboren wurde, und auf dem sie ihre Jugend verbrachte.

Die weiten, intensiv genutzten Felder der zahlreichen Güter in Schwansen prägen auch heute noch das Landschaftsbild. Bei Touren durch Schwansen trifft man noch auf zahlreiche stattliche Schlösser und Herrenhäuser, die an die großen Zeiten des Gutswesens erinnern. Die Herrenhäuser und Gutsanlagen von Damp, Grünholz, Stubbe, Saxtorf, Ludwigsburg

Die Karbyer Kirche in Schwansen, die um 1300 erbaut wurde, kann wie viele andere Kirchen auch auf eine wechselreiche Geschichte zurückblicken. Sie soll insgesamt dreimal abgebrannt sein.

Hemmelmark, Krieseby und anderen sind meist gut erhalten und sehenswert. Da sie aber fast alle bewohnt werden, ist die Besichtigung der Räume meist gar nicht oder nur nach Voranmeldung möglich.

In Schwansen stehen auch einige sehenswerte alte Kirchen, die aus dem 12.−14. Jahrhundert stammen. Hier sind vor allem die in Karby, Kosel, Rieseby, Sieseby und Waabs zu nennen.

In jüngerer Zeit entwickelt sich auch der Tourismus im lange Zeit sehr abgelegenen Schwansen. Besonders entlang der Schlei und der Ostseeküste entstehen Freizeitanlagen und Campingplätze. Eine extreme Form der touristischen Erschließung finden wir im Ferienzentrum Damp, mit dem ein neuer wichtiger Wirtschaftsfaktor in die Region gekommen ist: Im Ostseebad Damp gibt es eine reichhaltige touristische Infrastruktur mit vielen Freizeit- und Kulturangeboten, ein tropisches Badeparadies und ein Museumsschiff mit einer Ausstellung über die Evakuierung vieler Ostdeutscher nach dem Zweiten Weltkrieg.

Die Ufer der Schlei und der Bereich der Ostseeküste sowie ein kleiner Streifen vom Windebyer Noor bis fast zur Schlei sind als Landschaftsschutzgebiet ausgewiesen. Zwei Bereiche sind zum Naturschutzgebiet (NSG) erklärt worden. Neben dem NSG „Schwansener See", das wir auf einer der Wanderungen näher kennenlernen werden, gibt es noch das NSG „Bültsee" südlich von Kosel. Der Bültsee, der im Jahre 1982 unter Schutz gestellt wurde, ist ein nährstoffarmer See mit einer interessanten, charakteristischen Tier- und Pflanzenwelt. Das Gebiet um den Hemmelmarker See und das zentral gelegene Große Moor sind mögliche Kandidaten für eine zukünftige Ausweisung als Schutzgebiete.

Wanderung

Rund ums Windebyer Noor

Entfernung: ca. 11 km; Wanderdauer: knapp 3 Stunden

Das eiszeitlich entstandene Windebyer Noor war einst ein Teil der Eckernförder Bucht. Heute ist es ein Binnensee, der keine oberirdische Wasserverbindung mehr zur Förde besitzt. Das Wasser des bis zu 13 Meter tiefen Windebyer Noors ist mit einem Salzgehalt von drei Promille aber noch brackig.

An der Bundesstraße 76 gibt es in Eckernförde einige Parkmöglichkeiten. Von dort gehen wir zunächst an der B 76 entlang Richtung Schleswig und nach Überqueren der Norderhake ans Wasser hinab (siehe weiter unten). Eckernförde ist allerdings auch per Bahn oder Bus gut zu erreichen; daher beginnen wir die Tour am Bahnhof, wo wir auf dem Bahnhofsvorplatz bereits auf die erste Sehenswürdigkeit stoßen: die Skulptur „Die Achse" von Mindaugas Navakas aus Vilnius. Es ist eine von mehreren Skulpturen in Eckernförde, von denen die meisten im Strandbereich, unweit der Galerie „Nemo", zu finden sind.

Vom Bahnhof aus gehen wir nach links, und bei der ersten Gelegenheit überqueren wir die Schienen (Schulstraße). An der B 76 können wir einen ersten Blick über das Windebyer Noor werfen. Wir überqueren die Norderhake, und an der Ampel Noorstraße geht es hinab ans Wasser. Die ersten drei Kilometer von der Gartenkolonie „Costa Noora" bis Schnaap sind als Naturlehrpfad ausgewiesen.

Hier lernen wir nicht nur etwas über die Ufervegetation, die Vogelwelt des Noors, die Lebensräume Trockenrasen, Quelle und Buchenhochwald, sondern es werden auch zahlreiche typische Pflanzen vorgestellt. Allein über 30 Baum- und Straucharten stehen hier und werden mit ihren Erkennungsmerkmalen und ökologischen Besonderheiten erklärt, wobei auch auf besondere Probleme kritisch eingegangen wird. So stellt zum Beispiel der am Ufer der Noors verbreitet wachsende Japanische Staudenknöterich eine Florenverfäl-

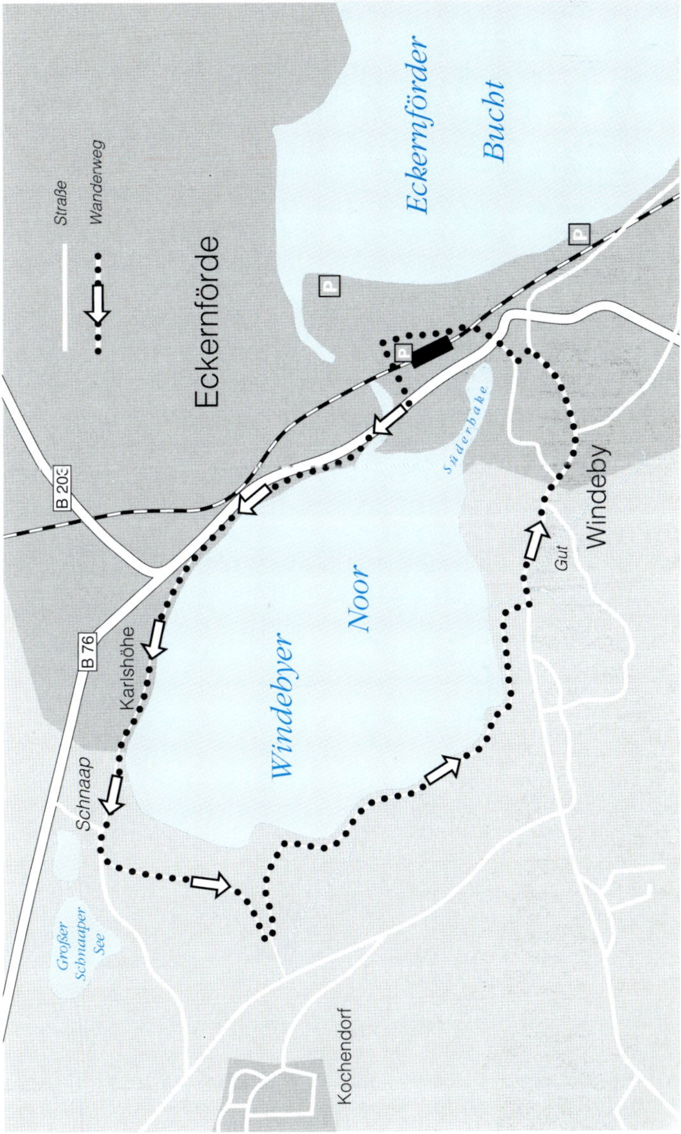

Eckernförder Bucht

Eckernförde

Straße

Wanderweg

B 20C

B 76

Karlshöhe

Schnaap

Großer Schnaaper See

Windebyer Noor

Süderbrake

Gut

Windeby

Kochendorf

schung dar, die heimische Arten in ihren Existenzmöglichkeiten bedenklich einschränken kann.

Der Rundwanderweg ist mit gelben Schildern „Wanderweg 1 des Ostseebades Eckernförde" markiert. Er ist Teil des Europäischen Fernwanderwegs 1 Flensburg–Genua, der von Schleswig über Eckernförde Richtung Kiel weitergeht.

Am Ende des Lehrpfads geht der Weg, an zwei Schutzhütten vorbei, einige hundert Meter vom Ufer entfernt entlang, wobei man jedoch trotzdem einen schönen Blick über das Noor Richtung Eckernförde hat. Ein Betonspurweg führt uns wieder zum Ufer hinab, durch das Uferröhricht und später durch kleine Waldstücke und an alten Eichen vorbei. Dann biegt er wiederum vom Noor ab; wir gehen links und kommen durch den Ort Windeby mit dem gleichnamigen Gut, dessen bekanntester Besitzer ab 1799 der Schriftsteller Christian Reichsgraf zu Stolberg-Stolberg, ein Jugendfreund Johann Wolfgang v. Goethes, war.

Wir erreichen die B 203 und B 76, benutzen die Unterführung, überqueren die Eisenbahnschienen und gelangen entlang der Gleise wieder zum Bahnhof.

Wanderung
Damp und Schwansener See
Entfernung: ca. 18,8 km; Wanderdauer: ca. 5 Stunden
Wir beginnen diese relativ lange Wanderung beim Ferienzentrum des Ostseeheilbads Damp (Parkmöglichkeiten), das südlich der Schleimündung etwas unterhalb des Schwansener Sees liegt. Die lange Tour läßt sich problemlos in zwei kürzere aufteilen: in eine „Schwansener-See-Tour" und eine zum Gut Damp, wobei der Rückweg zur Ostsee südlich des Guts über Schwastrummühle erfolgen kann.

Das im Jahre 1972 hier in die Landschaft gesetzte Ferienzentrum Ostseebad Damp (Information: ☎ 0 43 52 / 8 06 66) bietet ein reichhaltiges Angebot an Übernachtungs- und Freizeitmöglichkeiten: Neben Restaurants, Schiffsfahrten nach Dänemark, verschiedenen Sportmöglichkeiten, Strand,

Ausgedehnte Wanderungen durch
Wiesen und Felder mit Blick auf die
Ostsee sind in den Küstenlandschaften
Angelns und Schwansens
vielerorts möglich.

einem Museumschiff und REHA-Klinik stellt seit dem Jahre 1990 das „Aqua Tropicana", ein subtropisches Badeparadies (☎ 0 43 52 / 80 85 80), eine weitere Ergänzung des Angebots dar.

Wem all dies zu viel Trubel ist, der kann sich zügig in Richtung Strand begeben oder auf dem Gelände des Ferienzentrums hinter dem „Aqua Tropicana" zum Strand abbiegen. Am Strand mit reichlich Bademöglichkeiten unter freiem Himmel gehen wir Richtung Norden, wobei wir entweder direkt am Wasser oder etwas oberhalb auf einem Weg wandern können. Draußen in der Ostsee, vor Damp und Waabs, sehen wir die zwei Offshore-Ölbohrplattformen, die seit dem Jahre 1984 eines der bedeutendsten Erdölvorkommen in Schleswig-Holstein anzapfen.

Vorbei an Schubystrand (begrenzte Parkmöglichkeiten) und dem Campingplatz erreichen wir das Naturschutzgebiet „Schwansener See". Der mit über 100 Hektar zu den größten Strandseen Schleswig-Holsteins zählende Binnensee ist seit Dezember 1987 als Naturschutzgebiet ausgewiesen. Neben dem See selbst gehören der Ostseestrandwall, Salzwiesen, Flachwasserbereiche der Ostsee und Uferbereiche des Sees zum Schutzgebiet. Botanische Besonderheiten an Strand und See sind beispielsweise die Stranddistel, die Strandplatterbse, der Strandknöterich, Erdbeerklee und Tannenwedel. Viele hier vorkommende Arten stehen auf der Roten Liste der gefährdeten Pflanzen- und Tierarten. Ein solcher Lebensraum mit ungestörten Strandabschnitten und touristisch nicht genutzten Strandseen ist bei uns leider sehr selten geworden.

Um das NSG zu schonen, halten wir uns also auf unserem weiteren Weg auf dem eingezäunten Strandwall, von dem aus wir die Bedeutung des Gebiets für die Vogelwelt erahnen können. Etwa 100 Vogelarten brüten im Gebiet, und eine Vielzahl durchziehender Vögel nutzt diesen Bereich zur Rast und Nahrungsaufnahme. Von den am See vorkommenden Amphibien ist neben Grasfrosch und Kreuzkröte besonders die Rotbauchunke zu erwähnen, die hier an der Nordgrenze ihres Verbreitungsgebiets lebt.

Der Schwansener See war früher eine Bucht der Ostsee. Das nördlich gelegene Steilufer bei Schönhagen hat dafür gesorgt, daß er zu einem Binnensee geworden ist. Das Kliff bei Schönhagen wird nämlich stark durch die Wellenwirkung der Ostsee abgetragen. Das Sand- und Gesteinsmaterial wird südwärts verfrachtet und hat zur Bildung eines Nehrungshakens vor der ehemaligen Ostseebucht geführt. Durch die Unterstützung des Menschen beschleunigt, wurde die Bucht im Laufe der Zeit ganz von der Ostsee abgeriegelt. Daraufhin ist eine sogenannte Ausgleichsküste entstanden. Allerdings weist der Schwansener See durch über den Strandwall schwappendes winterliches Ostseewasser immerhin noch einen Salzgehalt von 3 bis 13 Promille (Kieler Förde ca. 16 Promille) auf.

Am Ende des Strandwallwegs steht eine Holzhütte, in der Mitarbeiter des betreuenden Vereins, des Naturschutzbunds Deutschland (NABU, früher Deutscher Bund für Vogelschutz DBV), für Fragen zur Verfügung stehen. Für Gruppen werden auch Führungen durch das Gebiet angeboten (Information: Herr Karl Plaumann, ☎ 0 16 11 / 45 05 25).

Hinter der Holzhütte biegen wir links ab und bleiben bis zur Hauptstraße nach Schönhagen auf dem Asphaltweg, von dem aus wir nochmals einen schönen Blick über die Ostsee und den Schwansener See bis nach Damp haben. An der Hauptstraße gehen wir links und kurz darauf nochmals links Richtung Reiterhof, den wir später seitlich liegenlassen. An der T-Kreuzung halten wir uns rechts und gelangen über Krim und Karby nach Dörphof. Vorbei an der Gaststätte Dörphof (☎ 0 46 44 / 3 93, Donnerstag Ruhetag) sollten Sie einen Besuch in dem natur- und vogelkundlichen Informationszentrum des NABU einplanen. Etwa 500 präparierte Tiere, insbesondere Vögel, werden in verschiedenen Landschaftsausschnitten dargestellt. Im Sommer ist das Museum täglich geöffnet: 10.00−12.00 und 14.00−18.00 Uhr.

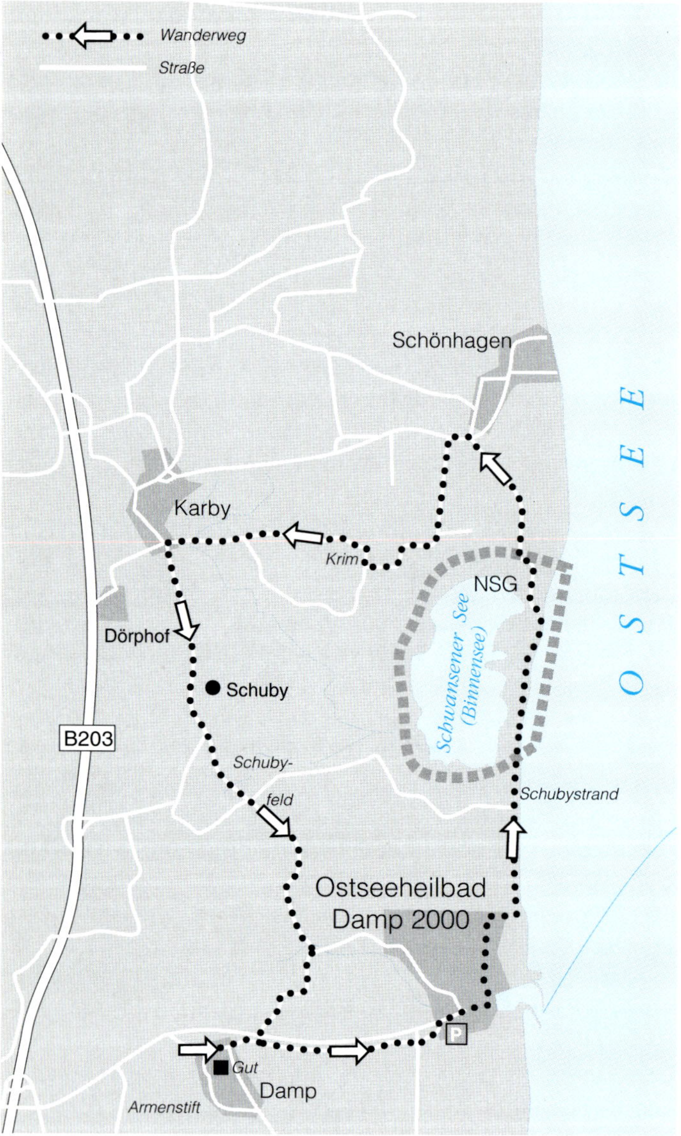

··· ⇦ ···   *Wanderweg*

————   *Straße*

Schönhagen

Karby

Krim

NSG

Dörphof

● Schuby

Schwansener See
(Binnensee)

B203

Schuby-
feld

Schubystrand

Ostseeheilbad
Damp 2000

P

■ *Gut*
Damp

Armenstift

O S T S E E

In Schuby geht es kurz hinter dem Dorfkrug (☎ 0 46 44 / 8 44; im Winter Dienstag Ruhetag) links ab und dann geradeaus Richtung Gut Damp. Wer das Gut nicht besuchen will, kann über Schubyfeld am Strand wieder zurück zum Ostseebad Damp wandern.

Wer jedoch weitergehen will, der muß die Hauptstraße nach Damp kreuzen und dem Schild zum Gut folgen. Über eine Brücke, die über den Ringgraben um das Gutsgelände führt, betreten wir die Anlage durch das Torhaus. In einem Teil des Torhauses ist ein Antiquitätengeschäft (☎ 0 43 52 / 12 10 oder 0 46 44 / 10 95) untergebracht. Große Scheunen und Stallungen stehen zu beiden Seiten. In der Mittelachse liegt das Herrenhaus, das über eine weitere Grabenbrücke zu erreichen ist. Es darf allerdings nicht betreten werden. Führungen sind indes für Gruppen nach Voranmeldung möglich (Information ☎ 0 43 52 / 22 03 und 23 95).

Das Herrenhaus Damp, das in seiner heutigen Form im Jahre 1597 entstanden ist, weist eine bedeutsame Innenausstattung auf, zu der beispielsweise eine prachtvolle Halle mit Treppenhaus, ein großartiger Kamin und eine Orgel gehören. Einige Kilometer westlich der Gutsanlage liegt das ebenfalls sehenswerte St.-Johannis-Stift. Dieses Armenstift aus dem Jahre 1742 besteht aus einer Kapelle, dem Glockenturm und vier Katen, die als Wohnstätte für alte Gutsarbeiter errichtet worden sind.

Auf einem Wirtschaftsweg, der parallel zur Hauptstraße nach Damp verläuft, kommen wir wieder zum Ostseebad Damp zurück.

Radtour
Südliches Schwansen
Eckernförde – Ludwigsburg – Waabs – Loose – Eckernförde
Entfernung: ca. 37 km; Dauer: ca. 4 Stunden
Start dieser Tour ist der Eckernförder Bahnhof. Von hier aus halten wir uns links und fahren auf der „Reeperbahn" an der Innenstadt vorbei zum Binnenhafen. Diesen umfahren wir

und radeln am Nordufer entlang, von wo sich ein schöner Blick auf die Hafenanlagen und die Eckernförder Bucht ergibt. Die linker Hand auf einer Anhöhe gelegene Borbyer Kirche ist eine um 1200 erbaute romanische Feldsteinkirche mit einer schönen gotländischen Kalksteintaufe im Innern. Ein Abstecher zur Kirche sollte am besten zu Fuß unternommen werden.

Wir bleiben am Ostseeufer und fahren vorbei am Denkmal des Großen Kurfürsten bis zu einem kleinen Parkplatz, wo wir, vom Wasser abbiegend, auf der Prinzenstraße weiterradeln. Auf leicht ansteigender Straße verlassen wir Eckernförde und erreichen zur Rechten das Gut Hemmelmark, das im Jahre 1896 von Prinz Heinrich von Preußen, dem Bruder des Deutschen Kaisers, gekauft und in den Jahren 1902 bis 1904 umfassend zu einer repräsentativen Hofanlage umgestaltet wurde. Eine schöne Wanderstrecke führt am Gut vorbei und am Hemmelmarker See entlang zum Ufer der Eckernförder Bucht, von wo man, sich stets an der Ostseeküste haltend, bis Damp und darüber hinaus wandern kann.

Wir radeln geradeaus weiter und blicken rechts und links über die typische Schwansener Landschaft mit ihren weiten, riesigen und intensiv genutzten Feldern, die meist zu großen Gütern gehören und kaum durch Knicks oder kleinere Gehölze unterbrochen sind. Wälder und Grünländer, also Wiesen und Weiden, sind vergleichsweise selten.

Die Umweltprobleme, die die Intensivlandwirtschaft mit sich bringt, sind bekannt. Die Wirbellosenfauna der Äcker wurde von der Universität Kiel an vielen Stellen Schleswig-Holsteins untersucht, wobei neben einer Verarmung der Ackerbegleitflora auch eine deutliche Verminderung der Arten- und Individuenzahlen bei der Fauna festgestellt wurde. Eine typische und artenreiche Ackerfauna mit zahlreichen schädlingsverzehrenden Nützlingen wie Käfer und Spinnen, wie sie für Äcker in den fünfziger Jahren vor der Intensivierung der Landwirtschaft typisch war, findet man heute nur noch auf ökologisch bewirtschafteten Feldern.

Über Hohenstein und Gast mit der Landgaststätte „Zur Alten Schmiede" (☎ 0 43 58 / 2 21; im Winter Donnerstag Ruhetag) kommen wir zur Abzweigung Karlsminde. Hier können wir einen Abstecher an die Küste machen, der uns nach etwa sechs Kilometern zum Herrenhaus Ludwigsburg bringt. Auch wer geradeaus direkt nach Ludwigsburg fährt, sollte in die Straße nach Karlsminde etwa 600 Meter weit hineinfahren.

Hier liegt ein beeindruckendes vorgeschichtliches Denkmal: ein um 2 500 v. Chr. entstandenes Langbett, das bei einer Breite von 5,50 Metern und einer Höhe von 2,50 Metern eine Länge von fast 60 Metern aufweist. Die Steinumfassung dieses „Riesenbetts" besteht aus 108 Findlingen, die von einer bis zu mehr als zwei Tonnen wiegen. Die drei Grabkammern dienten wiederholt der Totenbestattung, und Funde aus der Eisenzeit belegen sogar noch Beerdigungen bis in die Zeit um Christi Geburt. Diese in den Jahren 1976 bis 1978 restaurierte Anlage ist eines von 300 in Schleswig-Holstein noch bestehenden Megalithgräbern. Ehemals gab es hier 5 000 „Hünengräber" mit großen Wand- und Decksteinen.

Am Gut Karlsminde vorbei kommen wir zum gleichnamigen Campingplatz (☎ 0 43 58 / 10 14 und 3 44) mit Restaurant und Kiosk. Wir fahren über das Gelände des Campingplatzes, vorbei an Strandseen, und kommen an einem weiteren Campingplatz heraus. Am Aas See und Feldern entlang radeln wir dann nach Ludwigsburg. Dieses Herrenhaus ist aus einer mittelalterlichen Wasserburg hervorgegangen, was auch heute noch an den umgebenden Gräben und Wassersystemen gut zu erkennen ist. In den 1740er Jahren wurde das Gut zu einer imponierenden Barockanlage ausgebaut. Das Torhaus stammt vom Endes des 16. Jahrhunderts.

Auf dem weiteren Weg geht es rechts Richtung Lehmbergstrand ab. Wir fahren die imponierende Eichenallee entlang, die in ihrem Verlauf zum Gut Lehmberg führt. Dabei passieren wir eine alte Ulme. Ulmen sind, bedingt durch die Ulmenkrankheit, die die Bestände dahinrafft, schon relativ

Das 1976−78 vollständig renovierte
Langbettgrab von Karlsminde (oben)
gehört zu den besonders eindrucksvollen
Zeugnissen der sogenannten Trichterbecherkultur der Jungsteinzeit.

Ein Torhaus, wie hier bei der von
Wasser umgebenen Hofanlage
von Ludwigsburg in Schwansen (unten),
stellt den typischen Zugang zu den
schleswig-holsteinischen Herrenhäusern
dar.

selten geworden. Am Ende der Straße biegen wir nach rechts und halten uns dann Richtung Parkplatz. Vorbei an Imbiß, Kiosk und schönem Sandstrand (Bademöglichkeit), biegen wir vor der Sackgasse links in die Straße „Seeberg" ab. Hier liegt das Hotel und Restaurant „Seeberg" (☎ 0 43 52 / 25 40; im Winter Montag Ruhetag), das besonders für Freunde von Fischgerichten zu empfehlen ist.

Der weitere Weg ist zum Teil etwas sandig und steinig, aber befahrbar. Er biegt rechts ab, die Anhöhe hinauf. Ein Abstecher geradeaus führt zu dem 2 900 bis 2 600 v. Chr. erbauten Großsteingrab „Langholz". Dieses Grab ist ein Zeugnis der Trichterbecher-Kultur und wurde im Jahre 1977 restauriert. Die Menschen dieser Kulturform besiedelten das Urstromtal, das bei Seeberg mit einem heute weitgehend von der Ostsee abgeschlossenen See endet.

Von der Anhöhe aus blicken wir weit über die Eckernförder Bucht, bevor wir nach Waabs fahren. Hier halten wir uns links und durchqueren den Ort auf der Dorf- und Mühlenstraße. Ein Abstecher führt, vorbei am „Schwansener Hof", zur um 1400 aus Feldsteinen erbauten Kirche. Ihr Turm stammt aus dem 16. Jahrhundert. Am Ortsende kreuzt die Hauptstraße nach Großwaabs und Damp (11 Kilometer), die wir Richtung Söby überqueren. Hier können Sie das Fahrrad über eine gut ausgebaute einsame Asphaltsraße einmal ausfahren oder auch bei gemächlicher Fahrt über die weiten Getreidefelder und eingestreuten Knicks und Gehölzgruppen blicken.

Nun halten wir uns Richtung Rotensande und Ludwigsburg, radeln vorbei am Gut Rotensande und kommen auf einen Betonspurweg, der rechts und links durch einen Knick gesäumt ist. Doppelknicks, auch „Redder" genannt, gelten ökologisch als besonders wertvoll. So kann die Populationsdichte der Brutvögel um das Sechsfache gegenüber einem Einzelknick erhöht sein. Knicks bedürfen der Pflege; sie sollten etwa alle zehn Jahre geknickt, das heißt auf den Stock gesetzt werden. Alle 20 bis 50 Meter werden einzelne Bäume als sogenannte „Überhälter" stehengelassen, die den Knick überwachsen. Hier sehen wir z. B. prächtige alte Eichen.

Der Weg mündet nahe dem Gut Ludwigsburg. Wir fahren erneut am Herrenhaus vorbei und erreichen wieder den Abzweig nach Karlsminde, wo wir uns diesmal rechts in Richtung Loose und Rieseby halten. Hinter Loose überqueren wir die B 203, die Eckernförde und Kappeln verbindet. In Loosau steht links in einem kleinen Weg eine imposante alte Eiche an einer Weide. Die Stammitte des Baumes weist ein großes Loch auf, durch das man problemlos durchklettern könnte.

Vorbei am Gut Erichshof kommen wir zum Abzweig Rieseby und Saxtorf. Zum Herrenhaus von Saxtorf, einem zweigeschossigen burgähnlichen Gebäude, sind es hin und zurück etwa zwei Kilometer. Die Hofanlage geht auf eine Wasserburg aus dem 15. Jahrhundert zurück.

An der größeren Straße fahren wir links; der Radweg, der uns nach Barkelsby führt, beginnt kurz nach dem Abbiegen. Im Restaurant und Kunstcafé „Löwenkrug Barkelsby" können wir einkehren (☎ 0 43 51 / 8 19 49, Donnerstag Ruhetag). Unter der B 203 entlang fahren wir zurück nach Eckernförde. Dort begeben wir uns sogleich auf den rechts abgehenden Saxtorfer Weg, den wir durchfahren, bis die Schleswiger Straße kreuzt. Hier wenden wir uns nach links und gleich wieder rechts und gelangen so zum Binnenhafen. Diesen passieren wir und fahren auf bekanntem Wege die Reeperbahn entlang zum Bahnhof.

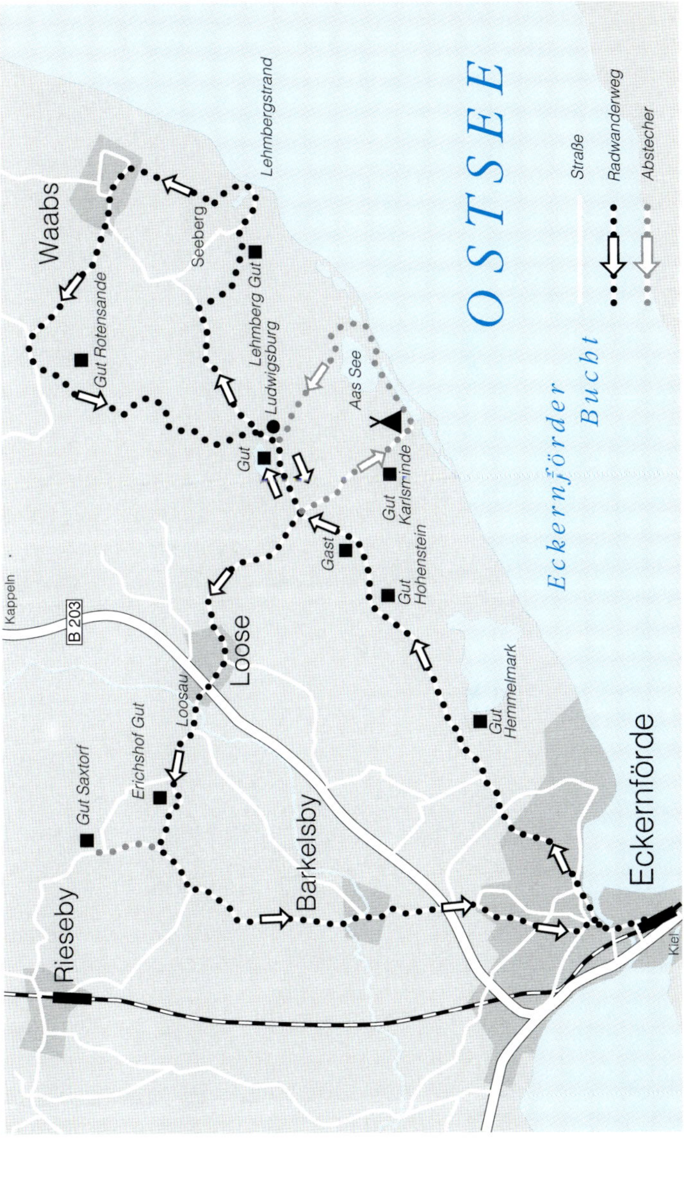

O S T S E E

Eckernförder Bucht

Straße
Radwanderweg
Abstecher

Waabs
Lehmbergstrand
Seeberg
Gut Rotensande
Lehmberg Gut
Ludwigsburg
Aas See
Gut
Gut Karlsminde
Gast
Gut Hohenstein
Loose
Loosau
Erichshof Gut
Gut Hemmelmark
Gut Saxtorf
Rieseby
Barkelsby
Eckernförde
Kappeln
B 203
Kiel

Restauranttips

Eckernförde:

Stadthallen-Restaurant
Am Exer
24340 Eckernförde
☎ 0 43 51 / 32 32
U. a. Fischgerichte; Blick
auf Strand und Förde.

Domkrug
Kieler Straße 4
24340 Eckernförde
☎ 0 43 51 / 28 61
Reichliche Auswahl an
Steakgerichten; nahe der
Nicolai-Kirche; im Winter
Dienstag Ruhetag.

Barbarossa
Frau-Clara-Straße 4
24340 Eckernförde
☎ 0 43 51 / 35 36
Pizza und zahlreiche andere
Gerichte aus dem Holz-
ofen.

Asia
Reeperbahn 64
24340 Eckernförde
☎ 0 43 51 / 61 15
Fernöstliche und korea-
nische Spezialitäten;
Dienstag Ruhetag.

Restaurant Café
Kiekut
An der B 76
24340 Eckernförde/
Altenhof
☎ 0 43 51 / 41 13 10
Fleisch, Fisch, Über-
raschungsmenü; gemüt-
liches Reetdachhaus am
Strand der Eckernförder
Bucht; Dienstag Ruhetag,
im Winter auch Montag
Ruhetag.

Ratskeller Eckernförde
Rathausmarkt 8
24340 Eckernförde
☎ 0 43 51 / 24 12
„Seemannsgarn" (= ver-
schiedene gebratene Fisch-
sorten); entweder draußen
unter Linden oder im
historischen Gebäude von
1420; Montag Ruhetag.

Kaffeehaus Heldt
St.-Nicolai-Str. 1
24340 Eckernförde
☎ 0 43 51 / 27 31
Frühstück und gute
Kuchenauswahl am
Museum; im ersten Stock
Antiquitätenausstellung
und -verkauf.

Oblomow
Kieler Str. 47
24340 Eckernförde
☎ 0 43 51 / 61 42
Täglich Stammessen;
besonders für junge Leute.

Am Kamin
Am Bahnhof 2
An der B 76
24340 Eckernförde/
Altenhof
☎ 0 43 51 / 4 44 69
Balkan-Spezialitäten und
Steakgerichte; an der B 76
Richtung Kiel;
Montag Ruhetag.

Ausflüge in die Umgebung

Besuch beim dänischen Nachbarn:
Ausflug nach Sønderborg

Im Nordosten Schleswig-Holsteins gibt es zahlreiche Möglichkeiten, einen Abstecher ins benachbarte Dänemark zu unternehmen. Die vielseitige dänische Inselwelt liegt dem Interessierten ja gleichsam zu Füßen! Sei es, daß man von Kiel nach Langeland oder von Gelting zur Insel Fünen übersetzt – viele dänische Inseln sind in wenigen Stunden per Schiff zu erreichen.

Der am meisten angelaufene Ort ist die am Alssund gelegene Stadt Sønderborg (deutsch: Sonderburg), die beispielsweise von Eckernförde, Damp, Kappeln und Langballigau per Schiff erreicht werden kann; von Langballigau aus fährt man lediglich eine Stunde die Flensburger Förde entlang. Oft kann man einen mehrstündigen Aufenthalt in der etwa 30 000 Einwohner zählenden Stadt einplanen. Auf dem Landweg ist Sønderborg von Flensburg aus entlang der Förde ebenfalls gut zu erreichen. Vergessen Sie nicht, einen gültigen Personalausweis oder Reisepaß mitzunehmen.

Die Stadt, die früher nur auf der Insel Als (deutsch: Alsen) lag, deren größter Ort sie ist, hat sich inzwischen über den Sund auf das Festland ausgedehnt.

Ihre Geschichte ist eng verbunden mit dem Schloß, das bereits von 1160 bis 1200 als Burg gegen die Wenden zur Sicherung der dänischen Küste errichtet wurde. In der Folgezeit wurde seine Verteidigungsanlage aus- und mehrfach umgebaut. Um das Schloß herum entwickelte sich die Stadt am Sund, dessen strategisch günstige Lage während der militärischen deutsch-dänischen Auseinandersetzungen in der Mitte des letzten Jahrhunderts in den Mittelpunkt der Geschichte rückte.

Im Jahre 1864 fand bei den Düppeler Schanzen vor den Toren der Stadt die entscheidende Schlacht des Krieges statt, in dem die preußisch-österreichischen Truppen die dänische Armee besiegten. Beim Bombardement durch die feindlichen Truppen wurde Sønderborg stark in Mitleidenschaft gezogen. Nach dem Ersten Weltkrieg, als Nordschleswig sich in einer Volksabstimmung für die Zugehörigkeit zu Dänemark entschied, wurde auch Sønderborg wieder dänisch.

Hauptsehenswürdigkeit ist das Schloß, das man bereits mit dem Schiff an seiner exponierten Lage am Eingang des Alssund passiert hat. Heute ist in dem historischen Gemäuer ein modernes Museum, das größte in Dänemark außerhalb Kopenhagens, untergebracht. Neben Darstellungen zur Baugeschichte des Gebäudes findet man im ersten Stock die historischen Sammlungen zur Geschichte der Stadt und der Region und im zweiten Stock die kulturhistorische Sammlung und die Gemäldeausstellung. Im Nordflügel liegt die Dorothea-Kirche, die im Rahmen der Umbauarbeiten der Burg von 1550 bis 1570 zu einem Renaissanceschloß dort errichtet wurde und heute die älteste erhaltene protestantische Fürstenkirche Dänemarks ist. Da Sønderborg im Mittelalter die stärkste und sicherste Burganlage in Dänemark besaß, wurde der abgesetzte König Christian II. seit 1532 für 17 Jahre hier gefangengehalten.

Unweit des Museums liegt eine hübsche Promenade, der Strandvej, der, am Sandstrand entlang und am Restaurant „Strandpavillonen" vorbei, in Richtung Sportboothafen führt. In der anderen Richtung vom Schloß aus geht es zum Hafen; die Innenstadt lädt zu einem Einkaufsbummel ein. Nahe der Klappbrücke über den Sund steht die St.-Marien-Kirche aus dem Jahre 1600 mit wertvollem Inventar.

Wer mit dem Auto nach Sønderborg kommt oder seine Schiffstour so gelegt hat, daß einige Stunden für die Besichtigung der Stadt zur Verfügung stehen, sollte einen Abstecher nach Dybbøl (Düppel) unternehmen, das auf der anderen Seite des Alssund auf dem Festland gelegen ist

Bei der zum nationalen Symbol für die Dänen gewordenen Düppeler Mühle und den dortigen Schanzenanlagen fand im Jahre 1864 eine der entscheidenden Schlachten der deutsch-dänischen Auseinandersetzungen statt.

Vorbei am Sønderborger Schloß, in dessen historischen Gemäuern sich heute ein interessantes Museum befindet, kann man auf den kleinen Hafen und die Stadt blicken.

und besonders für Geschichtsinteressierte viel Wissenswertes zu bieten hat.

Dieser Ort ist wie kein anderer mit den kriegerischen Auseinandersetzungen zwischen Preußen und Dänemark verknüpft: Im Winter 1863/64 bezogen dänische Truppen, nachdem sie sich aus den Verteidigungsanlagen des Danewerks zurückgezogen hatten, Stellung in den zehn strategisch günstig gelegenen Schanzen, die um das Dorf Düppel angeordnet waren. Der Rückzug vom Danewerk hatte bereits demoralisierend auf die dänischen Soldaten gewirkt. Hinzu kamen die Überlegenheit der deutschen Truppen und deren erheblich bessere Ausrüstung. Nach unermüdlichem Bombardement der Schanzen und der Stadt konnten die Verteidigungsanlagen am 18. April 1864 im Sturmangriff erobert werden. Schleswig-Holstein und Nordschleswig gingen an Preußen.

Nachdem im Jahre 1920 durch die Volksabstimmung der nördliche Landesteil wieder an Dänemark ging, wurde Dybbøl Banke zu einem Nationalpark und nationalen Geschichtsmonument. Die zum nationalen Symbol gewordene weiße Dybbøl Mühle überragt die Anlage. Sie wurde sowohl 1848 als auch 1864 hart umkämpft und ist, obwohl mehrfach zerstört, immer wieder aufgebaut worden; sie ist heute noch funktionstüchtig und kann besichtigt werden. Das Geschichtszentrum „Dybbøl Banke" informiert über die Ereignisse des Jahres 1864 mit einem Diorama, einem Schanzenmodell, Film- und Bildvorführungen.

Die umgebende Landschaft mit dem Bereich der alten Schanzenanlage bietet sich auch für naturkundliche Wanderungen an, da hier zum Teil eine interessante Pflanzenwelt zu finden ist. Zwischen Schanze 1 und 2 beispielsweise findet sich ein Niederwald, der verschiedene geschützte Orchideenarten beherbergt.

Von der Anhöhe und von der Mühle aus kann man den unvergleichlichen Blick über die Förde und den Alssund genießen und die strategische Bedeutung, die dieser Ort dereinst besaß, ermessen.

Restauranttips

Sønderborg:

Strandpavillonen
Strandvej 25
6400 Sønderborg
☎ 00 45 / 74 42 22 28
Reiche Auswahl an
Spezialitäten, besonders
Fischgerichte; Blick über
die Ostsee.

Café au lait
Søndre Havnegade 22
6400 Sønderborg
☎ 00 45 / 74 43 16 39
Fisch- und Fleischgerichte;
Blick auf die ein- und
auslaufenden Ausflugs-
schiffe.

Wo Adebar zu Hause ist:
Storchendorf Bergenhusen und Sorge-Niederung
Der Weißstorch ist zu einem Symbol des Naturschutzes geworden. Seine markante Gestalt zieht sich durch zahlreiche Märchen und Geschichten – man denke nur daran, woher angeblich die Kinder kommen –. Die zahlreichen Umweltprobleme – insbesondere die Ausräumung der Landschaft, die Intensivierung der Landwirtschaft und die Trockenlegung von Feuchtgebieten – haben jedoch gerade bei den empfindlichen Weißstörchen zu einem alarmierenden Rückgang der Bestände geführt. Der Storch ist daher geeignet, uns als sogenannter „Indikator" den Zustand der Umwelt anzuzeigen.

Wo die drei Flüsse Eider, Sorge und Treene in einer Niederung zusammenkommen, finden wir noch größere Feuchtgebiete, in denen der Storch und andere Feuchtwiesenvögel einigermaßen günstige Lebensbedingungen vorfinden. Der als „Storchendorf" bekannte Ort Bergenhusen gehört zu einem der storchenreichsten Dörfer Deutschlands.

Sie erreichen Bergenhusen, wenn Sie von der B 202 von Rendsburg nach Friedrichstadt in dem Ort Norderstapel Richtung Nordosten abbiegen. Sie können auch von der A 7 an der Abfahrt Schleswig/Jagel in Richtung Friedrichstadt über Rheide und Dörpstedt fahren und links nach Bergenhusen abbiegen.

Bergenhusen liegt etwas erhöht am Rande der Geest. Von hier hat man einen guten Überblick über die umliegenden, tiefer gelegenen eingedeichten Flächen, die mehr oder weniger künstlich trocken gehalten und entwässert werden. Neben den Störchen bietet der Ort viele hübsche reetgedeckte Häuser, die meist ein Storchennest oder mindestens eine Nisthilfe auf ihrem Dach tragen. Mit einem solchen kann sogar die Kirche des Ortes aufwarten, ein backsteinerner Saalbau von 1712, der im Innern barock ausgestaltet ist.

Von den vielen hübschen Reetdachhäusern hat sich das Medauhaus, ein landschaftstypisches Querdielenhaus, zu einem neuen Zentrum für naturkundlich interessierte Besu-

Das Medauhaus Bergenhusens, ein
landschaftstypisches Querdielenhaus,
beherbergt heute das für naturkundlich
Interessierte besonders zu empfehlende
Naturschutzzentrum des Naturschutzbundes Deutschland.

cher entwickelt. Das durch die Unterstützung des schleswig-holsteinischen Umweltministeriums und privater Sponsoren mit Millionenaufwand renovierte Haus beherbergt heute das Naturschutzzentrum Bergenhusen des Naturschutzbundes Deutschland (NABU).

Es wurde im Mai 1993 seiner Bestimmung übergeben und informiert mit Landschaftsmodellen, Tierpräparaten, Postern und anderen Exponaten über die Tier- und Pflanzenwelt der Region und über die gefährdeten Feuchtlebensräume. Im Mittelpunkt der Ausstellung steht natürlich der in dieser Gegend „Hoierboier" genannte Weißstorch, aber es finden auch wechselnde Ausstellungen künstlerischer Werke im Naturschutzzentrum statt. An das Informationszentrum angeschlossen ist das „Institut für Wiesen und Feuchtgebiete", das sich sowohl regional als auch international mit dem Schutz von Wiesen- und Feuchtlebensräumen beschäftigt.

Dieses vom NABU betriebene Institut soll zu einem Zentrum der Weißstorchforschung und zum Schutz dieses zunehmend seltenen Tieres in Deutschland und auf internationaler Ebene werden. Der Storch, den der NABU in seinem Emblem führt und den er für 1994 zum „Vogel des Jahres" erklärt hat, bedarf des weltweiten Schutzes. Auf seinem Zug über die Meerenge des Bosporus oder Gibraltar und im afrikanischen Winterquartier machen dem Langbein direkte Nachstellungen, Lebensraumzerstörung, Pestizidanwendungen und auch Unbilden des Wetters (Dürreperioden) zu schaffen.

Besondere Bedeutung muß dem Schutz in den Brutgebieten zugemessen werden, wobei der Erhalt und die Wiederherstellung von natürlichen Feuchtgebieten, Kleingewässern, Feuchtgrünländern und Flußläufen sowie die Extensivierung der Landwirtschaft, Verhinderung der Landschaftszerstörung und Verdrahtung durch Hochspannungsleitungen im Mittelpunkt der Schutzbemühungen stehen. Ein Blick auf die Entwicklung der Bestände des Storchs zeigt deutlich die bedrohlichen Tendenzen:

Brüteten in ganz Deutschland im Jahre 1934 noch über 9 000 Paare, so waren es 1991 auf der gleichen Fläche nur noch 3 225. Bergenhusen macht hierbei keine Ausnahme. Vor 50 Jahren brüteten hier noch fast 60 Paare, heute sind es lediglich um die zehn. 1993 war ein ausgesprochen gutes Storchenjahr: 13 Brutpaare haben etwa 40 Jungtiere aufgezogen, so daß sich im Spätsommer fast 70 Jung- und Altstörche im Dorf und in der Niederung aufgehalten haben.

Bergenhusen sollte man nicht verlassen, ohne einen kleinen Abstecher in die Niederung, beispielsweise in die Spieljunken-Wiesen oder ins Colsrakmoor gemacht zu haben. Das Informationszentrum bietet einige ausgearbeitete Wandertouren durch das Dorf und die Niederung an, die zum Teil zum 660 Hektar großen Naturschutzgebiet „Alte Sorge-Schleife" gehört, das seit dem Jahre 1991 als Schutzgebiet ausgewiesen ist.

Für weitere Touren durch die Niederung der Alten Sorge kann man sich in Bergenhusen ein Fahrrad leihen. Auf den Touren sollte man außer nach Störchen auch nach anderen interessanten Vögeln der Niederung Ausschau halten: Neben Rotschenkel, Uferschnepfe und Bekassine brüten hier auch Kiebitze, die als ehemalige Allerweltsvögel derzeit einen auffälligen Rückgang ihrer Bestände zu verzeichnen haben. Mit etwas Glück kann man vielleicht sogar balzende Sumpfohreulen oder die seltenen Wiesenweihen, die in der Umgebung Bergenhusens mit einigen Paaren brüten, über den Grünländern entdecken. Als Zug- und Wintergäste kann man Scharen von Goldregenpfeifern, Kampfläufern und Zwergschwänen beobachten.

Für die Eider-Treene-Sorge-Niederung, die in ihrer Gesamtheit die Kriterien für ein „Gebiet von gesamtstaatlich repräsentativer Bedeutung für den Naturschutz" erfüllt, gibt es eine Reihe von Konzepten, die auf ein Nebeneinander oder eine Entflechtung von Landwirtschaft und Naturschutz zielen. Die hier zu schützenden Feucht- und Wiesenlebensräume, in denen Storch, Uferschnepfe und Wiesenweihe brüten, stellen eine bäuerliche Kulturlandschaft dar. Der ländliche Charakter der Dörfer soll erhalten bleiben und der sanfte Tourismus mit umweltfreundlichen Urlaubsaktivitäten gefördert werden, was den in der Region lebenden Menschen neue Erwerbsmöglichkeiten eröffnen kann. Der Wasserstand soll auf den Vorrangflächen für den Naturschutz, die zum Teil von der Stiftung Naturschutz aufgekauft worden sind, wieder deutlich angehoben werden. Ihm kommt für den Erhalt der Feuchtlebensräume zentrale Bedeutung zu.

Es bleibt zu hoffen, daß wir in dieser Großlandschaft mit ihrer reichen Naturausstattung in der Lage sein werden, das Symbol dieses Feuchtlebensraumes, den Weißstorch, vor dem Aussterben zu bewahren, damit unsere Enkelkinder den Klapperstorch nicht nur aus Märchen und Geschichten kennen werden.

Auf einer Insel in der Marsch:
die holländische Siedlung Friedrichstadt

Wer unvorbereitet über eine der Brücken nach Friedrichstadt käme, würde zunächst denken, er hätte sich verlaufen und müßte sich eigentlich einige hundert Kilometer weiter westlich in den Niederlanden befinden. In der Tat ist der im Westküstenkreis Nordfriesland gelegene Ort eine holländische Gründung, was man an vielen Gebäuden und am Stadtbild auch heute noch problemlos ausmachen kann.

Sie erreichen Friedrichstadt über die B 202 entweder von Rendsburg oder westlich von Husum oder Tönning kommend. Die Stadt liegt an Eider und Treene auf einer von diesen beiden Flüssen und verbindenden Sielzügen gebildeten Binneninsel. Zusammen mit den die Stadt durchziehenden Grachten wird Wasser damit zum prägenden Element Friedrichstadts. Zu den besonderen Erlebnissen eines Besuchs gehört die Teilnahme an einer der vielen angebotenen Grachten-, Hafen- und Treenerundfahrten, auf denen zudem über Besonderheiten und die Geschichte der Stadt informiert wird. Man kann aber auch per Tret-, Ruder- oder E-Boot die Flüsse und Grachten auf eigene Faust erkunden. Zudem sind die Gewässer Friedrichstadts ein Paradies für Angler, Surfer, Segler und Sportbootfahrer.

Ein Spaziergang durch den Ort, eine Kutschfahrt oder eine der angebotenen Stadtführungen lassen schnell erkennen, daß man es hier mit einer außergewöhnlichen Stadt in Schleswig-Holstein zu tun hat.

Sie ist mit einem Alter von unter 400 Jahren relativ jung. Das Gemeinwesen wurde im Jahre 1621 von Herzog Friedrich III. von Gottorf gegründet, und holländische Kaufleute und Glaubensflüchtlinge erbauten sie in Anlehnung an ihre heimatliche Bauweise. Die Gruppe der Remonstranten wurde nach dem Sturz der liberalen Regierung im Jahre 1618 aus ihrer Heimat Holland vertrieben. Im Zusammenhang damit drohte der Streit zwischen dem von ihnen vertretenen freiheitlichen und toleranten Christentum und der Denkweise der streng dogmatischen Calvinisten zu einem Bürgerkrieg auszuarten. Remonstranten werden sie genannt, weil sie in einer „remonstratie", einer Richtigstellung, ihre religiöse Überzeugung darlegten, die unter anderem auch der Regierung vorgelegt wurde.

Der Name der Stadt bezieht sich auf ihren fürstlichen Gründer, dessen Hoffnungen, aus der neuen Siedlung eine bedeutende Handelsstadt für den Orient-Welthandel zu machen, sich allerdings nicht erfüllten. Die Zahl der Einwohner hat selten die 3000er Grenze überschritten. Zwar gab es im Laufe der Zeit noch einige Zuwanderungen, z. B. protestantischer Weber aus Augsburg, aber nachdem sich die Verhältnisse in Holland geändert hatten, kehrten viele Remonstranten wieder in ihre Heimat zurück.

Während der nationalen Bewegungen in Europa und der Unabhängigkeitsbestrebungen in Schleswig-Holstein kam es nach der Besetzung Friedrichstadts durch dänische Truppen im Jahre 1850 zu einer Belagerung durch die schleswig-holsteinische Armee. Das Bombardement am 4. Oktober jenes Jahres richtete großen Schaden in der Stadt an und zerstörte etwa ein Drittel der Gebäude.

Mittelpunkt ist der Markt mit seinem Brunnenhäuschen von 1879, das zum Wahrzeichen der Stadt geworden ist. Auf der Westseite des Markts sieht man die geschlossene Reihe alter Treppengiebelhäuser in der Bauweise des 17. Jahrhunderts. An der Südseite findet man das im Jahre 1910 im Stil der niederländischen Renaissance erbaute Rathaus. Das erste Rathaus war bei der Beschießung der Stadt im Jahre 1850 zerstört worden.

Das architektonisch wertvollste Gebäude Friedrichstadts ist die am Mittelburggraben gelegene „Alte Münze" von 1626 mit der Mennonitenkirche. Das Gebäude wurde in den Jahren 1989 bis 1992 mit einem Aufwand von über zwei Millionen DM restauriert.

Besonders eindrucksvoll ist auch das Paludanushaus in der Prinzenstraße 28. Das im Jahre 1637 erbaute Gebäude ist das größte noch erhaltene Kaufmannshaus aus alter Zeit, dessen oberster Abschluß ein Giebel nach Amsterdamer Vorbild ist. Schräg gegenüber steht ein Doppelgiebelhaus aus dem Jahre 1624.

Die Stadt besitzt zahlreiche weitere historische und sehenswerte Gebäude, von denen noch erwähnt seien: der Speicher in der Westerhafenstraße, das Fünfgiebelhaus am Fürstenburggraben, das Grafenhaus und das Neberhaus am Mittelburgwall sowie das Remonstrantenhaus am Ostersielzug, das heute als Privatklinik genutzt wird. Bei einem Gang durch die Stadt kann der aufmerksame Besucher weitere malerische Winkel, interessante Gebäude, Türen, Ornamente und andere Kleinodien entdecken. So sind an vielen Häusern Skulpturen und Hausmarken angebracht, wie es in Holland, besonders im Amsterdam des 17. Jahrhunderts, üblich war. Diese Hausmarken kennzeichnen die Häuser anstelle von Hausnummern und geben etwa Hinweise auf den Beruf des Bewohners: Weintrauben weisen auf einen Weinhändler, Rinderköpfe auf eine Rinderfellgerberei hin.

Friedrichstadt ist bekannt für seine religiöse Toleranz. Von den im 17. Jahrhundert hier lebenden sieben Religionsgemeinschaften gibt es heute noch fünf Konfessionen mit vier Kirchen. Neben der bereits erwähnten Mennonitenkirche gibt es eine Remonstrantenkirche, die im Jahre 1854, nach der Zerstörung, neu erbaut wurde, und eine ebenfalls 1854 geweihte katholische Kirche am Fürstenburgwall, die, ohne Turm, auf den ersten Blick eher einer großen Kapelle ähnelt. Am bemerkenswertesten ist die evangelisch-lutherische Kirche nahe dem Mittelburgwall, die im Jahre 1649 in Dienst genommen wurde, und deren Turm von 1656 im Jahre 1762 barock erneuert wurde. Das Altargemälde „Beweinung Christi" stammt von Jürgen Ovens, dem bedeutendsten Barockmaler Schleswig-Holsteins, der 25 Jahre in Friedrichstadt gewohnt hat.

Eine Grachtenfahrt auf den Flüssen
und Kanälen Friedrichstadts gehört zu
den besonderen Erlebnissen eines
Besuches dieser von holländischen
Glaubensflüchtlingen gegründeten Stadt.

Restauranttips

Friedrichstadt:

Hotel Restaurant Café
Willhöft's Holländische
Stube
Am Mittelburgwall 22−26
25840 Friedrichstadt
☎ 0 48 81 / 72 45
Heimische Spezialitäten
der Westküste und Stapel-
holms in historischen
Räumen von 1621.

Parkrestaurant
Großer Garten
Am Stapelholmer Platz
25840 Friedrichstadt
☎ 0 48 81 / 2 23
Fischspezialitäten,
besonders Matjes;
mit großer Terrasse.

Café Restaurant
Altes Amtsgericht
Markt 12
25840 Friedrichstadt
☎ 0 48 81 / 77 43
Gute Auswahl an Fisch-
spezialitäten; am
Marktplatz.

Stadt-Café
Prinzenstraße 30
25840 Friedrichstadt
☎ 0 48 81 / 15 00
Spezialtät: Friedrich-
städter Waffeln.

Der besondere Tip

Wo die Ostsee sich der Nordsee nähert:
eine Schleifahrt mit der MS „Bente"
Die Schlei zieht sich als flachste, schmalste und längste der
Ostseeförden etwa 40 Kilometer ins Land und nähert sich bei
Schleswig der Nordsee auf rund 30 Kilometer.
Eine Bootsfahrt auf dieser stillen Förde, der man ihren ma-
rinen Charakter bisweilen kaum abnimmt, sondern sie eher
für ein Binnengewässer hält, kann man entweder mit der
„Wappen von Schleswig" (☎ 0 46 21 / 2 33 19) ab Schleswig
bis Ulsnis oder Schleimünde starten, oder man beginnt die
Fahrt in Kappeln. Von hier fährt die „MS Bente" (☎ 01 61 /
2 41 42 62 an Bord und 0 46 43 / 29 45) nach Schleimünde,
nach Missunde oder die gesamte Schlei aufwärts bis Schleswig. Die letztgenannte Strecke soll hier dargestellt werden,
wobei nur die wesentlichen Stationen und Besonderheiten
genannt werden, da allgemeine Angaben zur Schlei und zu
den einzelnen Sehenswürdigkeiten in den entsprechenden
Kapiteln sowie bei den Touren per Rad und per pedes entlang der Schlei zu finden sind.
Die Fahrt von der Südhafen-Brücke in Kappeln geht zunächst Richtung Schleimündung bis Maasholm und wieder
nach Kappeln, so daß man zweimal Gelegenheit hat, das
Schiff unweit der alten Klappbrücke in Kappeln zu bestei-
gen. Zudem kann man auch unterwegs an einer der möglichen Anlegestationen, wie z. B. Sieseby, Lindaunis oder
Missunde zusteigen.
Wir verlassen Kappeln schleiaufwärts mit Blick auf die 1927
erbaute Drehbrücke, der die bekannten Heringszäune vorgelagert sind, und die als eine von vier Querungsmöglichkeiten
über die Schlei die beiden Landschaften Angeln und Schwansen verbindet. Darüber hinaus betonen besonders die St.-Ni-

colai-Kirche mit ihrem kupfergedeckten Turm, die über 30 Meter hohe Windmühle „Amanda" und die Schornsteine der Fischräucherei das Stadtbild aus der Ferne.

Vor einigen hundert Jahren fuhren hier die Wikinger die Schlei – zu ihrer Zeit einer der wichtigsten Seewege überhaupt in Nordeuropa – hinauf, um Beutezüge zu unternehmen oder Handel zu treiben.

Schon bald erreichen wir das kleine Städchen Arnis, wo ein Fährbetrieb, der seit 1826 existiert, Autos, Radler und Fußgänger über die Schlei setzt. Wir passieren einige Werft- und Hafenanlagen, das auf Pfählen in der Schlei stehende Restaurant „Zur Schleiperle" sowie die etwas erhöht stehende Schifferkirche von Arnis, die im Jahre 1673 fertiggestellt wurde. Der 1825 erneuerte hölzerne Westturm der Kirche ist das Wahrzeichen der Stadt.

Nach der Enge bei Arnis weitet sich die Schlei. Genießen Sie die Landschaft: Bewaldete und röhrichtbestandene Ufer, die durch weite hügelige Wiesen und Felder gesäumt werden, und kleine Buchten, die sogenannten „Noore", prägen ihr Bild. Daß die Schlei ein Paradies für Wassersportler ist, wird man an schönen Sommerwochenenden kaum übersehen können. Bald erreichen wir den auf der Schwansener Seite gelegenen kleinen Ort Sieseby mit seinen idyllisch am Ufer stehenden reetgedeckten Häusern, dem kleinen Hafen und der um 1200 erbauten romanischen Kirche.

Bei Lindaunis führt eine Klappbrücke über die Schlei, die einspurig abwechselnd von Eisenbahnzügen und Autos befahren wird. Nach dem Durchfahren der aufgeklappten Brücke kommen wir zur Rechten am Lindauer Noor mit einem Sportboothafen und der Holländer-Windmühle von Lindau vorbei. Wenig später passieren wir, ebenfalls auf Angelner Seite, das Gunnebyer Noor und Ulsnis, das eine romanische Feldsteinkirche aus dem 12. Jahrhundert besitzt. Hier haben wir etwa die Hälfte der dreistündigen Fahrt bis Schleswig zurückgelegt. Nehmen wir uns nun die Zeit, eines der Gerichte auf der „Bente" einzunehmen oder den selbst-

Bei Missunde (oben) verbindet eine
Fähre die beiden hier nur wenig mehr
als hundert Meter auseinanderliegenden
Ufer der Schlei.

Eine Schleifahrt mit der MS „Bente"
(unten) führt vorbei an wechselvollen
und interessanten Ufern.

gebackenen Kirschkuchen zu probieren. Die in Flensburg
erbaute MS Bente ist im Jahre 1934 vom Stapel gelaufen und
feiert 1994 ihr 60jähriges Jubiläum. Die zunächst für die
Schiffahrt auf der Flensburger Förde gebaute „Bente" war
zusammen mit einem Schwesterschiff hier das erste mit Die-
selmotor betriebene Boot. „Seit 1986 ist Kappeln Heimat-
hafen der MS Bente, und wir fahren die Schlei auf und ab",
so Schiffsführer Herbert Sebode, der zusammen mit seiner
Frau auch Eigner des Bootes ist.

Die weitere Fahrt auf der Schlei führt uns vorbei an der Königsburg, die der Dänenkönig Erich VII. von Pommern Anfang des 15. Jahrhunderts anlegen ließ, und dem ebenfalls
auf Schwansener Seite gelegenen schmalen, langgezogenen
Ornumer Noor. Die Schlei wird nun zusehends schmaler und
engt sich bei Missunde auf eine Breite von rund 130 Metern
ein. Hier führt nochmals eine Fähre über das Wasser.

Von den zahlreichen deutsch-dänischen Auseinandersetzungen an dieser strategisch wichtigen Schleienge zeugen verschiedene Soldatengräber und Denkmäler an beiden Ufern.
Auf Angelner Seite liegt der Sportboothafen „Marina Brodersby". Am Steilufer zur Linken vorbei öffnet sich sodann
die bis zu vier Kilometer von Ufer zu Ufer messende Große
Breite vor uns, an deren Südufer hinter Bäumen das Herrenhaus Louisenlund liegt.

Von der Großen Breite aus sieht man in der Ferne bereits
Schleswig mit dem Dom, dem Wikingerturm, dem Schloß
Gottorf und den Anlagen der Zuckerfabrik. Am Ende der
Großen Breite durchfahren wir die Stexwiger Enge, an der
sich rechts das Naturschutzgebiet „Reesholm" befindet, und
gelangen in die Kleine Breite. In Schleswig legen wir unweit
der Möweninsel gegenüber dem Haddebyer Noor an. Während des Aufenthalts kann man einen Blick in die Altstadt
werfen, den Dom besichtigen oder der nahe gelegenen
Fischersiedlung „Holm" einen Besuch abstatten, bevor es
nach 1 ½ Stunden auf gleichem Weg schleiabwärts wieder
nach Kappeln und Maasholm zurückgeht.

Auf den Spuren der Wikinger:
Museum Haithabu und Danewerk

Das im Jahre 1985 eröffnete Wikingermuseum Haithabu am Haddebyer Noor bei Schleswig und die westlich davon gelegenen Verteidigungsanlagen des Danewerks sind nicht nur ein absolutes Muß für den geschichtsinteressierten Besucher Schleswig-Holsteins, sie bieten auch dem Laien einen besonderen Einblick in längst vergangene Zeiten und in die Welt der Wikinger. Zudem gibt es verschiedene Möglichkeiten, die Erweiterung des kulturhistorischen Wissens mit lohnenden naturkundlichen Wanderungen zu verbinden.

Die alte Wikingersiedlung Haithabu, die wegen ihrer archäologischen Bedeutung auch als „Troja des Nordens" bezeichnet wird, liegt an der B 76 südlich der Schlei bei Schleswig. Über die Autobahn A 7 kommend, nehmen Sie die Abfahrt Schleswig/Jagel. Von Mai bis Oktober verkehrt ein Motorschiff zwischen dem Museum und dem Schleswiger Hafen (Auskunft: Stadtwerke Schleswig, ☎ 0 46 21 / 80 10).

Das Museum, dessen sieben wabenförmige Gebäude an umgedrehte Bootsrümpfe erinnern, liegt nahe der alten Wikingersiedlung, die im frühen Mittelalter der bedeutendste Handelsplatz des Nordens gewesen ist. Einen Abstecher zu dem einige hundert Meter vom Museum entfernten, etwa 1,3 Kilometer langen Ringwall um die seinerzeit etwa 24 Hektar große Stadtanlage und vielleicht sogar um das Haddebyer Noor sollte man bei einem Museumsbesuch einplanen (siehe auch Wanderungen Schleswig, Schlei S. 96 ff.).

Die Wikinger, nach denen eine Epoche der nordeuropäischen Geschichte benannt wurde (Wikingerzeit ca. 800–1100 n. Chr.) sind zwar v. a. als beutegierige, kriegerische Unholde bekannt, die die Küsten und Flüsse Europas unsicher machten, sie waren aber vor allem auch wagemutige Händler, Siedler und tüchtige Seeleute, die die besten Schiffe der damaligen Zeit zu bauen vermochten. Diese Fähigkeiten führten die Wikinger bereits 500 Jahre vor Kolumbus in die Neue Welt.

Erstmalig wird die Siedlung Haithabu im Jahre 804 n. Chr. erwähnt – in einer Zeit des sprunghaften Anstiegs des Handels zwischen Westeuropa und Skandinavien. Die Entwicklung zu einem bedeutenden, zentral gelegenen Umschlagplatz beginnt mit der Zerstörung des slavischen Handelsortes Rerik im Jahre 804 n. Chr. durch den dänischen König Göttrik und der Umsiedlung der dort ansässigen Kaufleute ans Haddebyer Noor. Während der Blütezeit Haithabus lebten etwa 1 000 Menschen hier. In der damaligen Zeit war dies ein sehr großes Gemeinwesen, und Haithabu gilt damit als die erste stadtartige Siedlung im Norden Europas.

Neben dem nahe gelegenen nord-südlich verlaufenden Heerweg von Jütland nach Itzehoe und Wedel (über Flensburg, Schleswig und Rendsburg) bestand der günstige Standort Haithabus vor allem in der Lage an der Schlei. Die Handelsschiffe der damaligen Zeit konnten die sich 40 Kilometer ins Land hineinschneidende Schlei hinauffahren. Von Haithabu aus wurden die Waren 16 Kilometer über Land transportiert, um die schiffbaren und mit der Nordsee in Verbindung stehenden Flüsse Treene und Eider zu erreichen.

Haithabu war zeitweilig dänischer Königssitz und wurde zu einem bedeutenden Militärstützpunkt an der durch das Danewerk befestigten Südgrenze des dänischen Reiches. Die Christianisierung Skandinaviens nahm von hier ihren Ausgang. Bereits um 850 wurde die erste christliche Kirche in der Siedlung errichtet, und im Jahre 948 wurde Haithabu zum Bischofssitz erhoben.

Im Jahre 1050 wurde die Stadt durch norwegische Truppen zerstört. Nachdem westslavische Truppen Haithabu 1066 endgültig verwüsteten, wurde die Siedlung aufgegeben. Die städtischen Funktionen wurden von der neuen Siedlung am Nordufer der Schlei an der Stelle der heutigen Stadt Schleswig übernommen.

Die einstmals bedeutende Siedlung geriet im Laufe der Jahrhunderte völlig in Vergessenheit, und den am Haddebyer Noor noch vorhandenen Ringwall, der in Verbindung mit

Das am Haddebyer Noor gelegene
Wikingermuseum „Haithabu" liegt
unweit der historischen Wallanlage des
Danewerks. Einst gehörte der Ort zu
den bedeutendsten Städten Nordeuropas.

dem Hauptwall des Danewerks steht, hielt man für die Schutzanlage eines alten Militärlagers. Allerdings gelangte der dänische Archäologe Sophus Müller nach Beobachtungen am Halbkreiswall im Jahre 1897 zu der Auffassung, daß es sich um den Wall der alten Siedlung handeln müsse, was bald durch erste Grabungen um die Jahrhundertwende bestätigt wurde.

Lediglich durch die Weltkriege unterbrochen, fanden in der Folgezeit umfangreiche Ausgrabungen an dem historischen Platz statt. Da die Fläche nie überbaut wurde und durch den hohen Grundwasserstand das Bauholz und anderes organisches Material gut konserviert waren, boten sich den Archäologen denkbar günstige Voraussetzungen. Mit der Untersuchung des ehemaligen Hafengeländes und der Bergung eines Schiffes in den Jahren 1979/80 fanden die Grabungen ihr vorläufiges Ende. Nur fünf Prozent des ehemaligen Siedlungsgeländes und etwa ein Prozent des Hafens wurden bislang eingehend untersucht, so daß sich hier noch ein weites Feld für weitere archäologische Untersuchungen auftut.

Was allerdings bislang erforscht und geborgen wurde, kann sich sehen lassen und ist Gegenstand der Ausstellung im Museum. Neben den geschichtlichen Grundlagen der Zeit und der Christianisierung werden vor allem die Fundstücke und Befunde zum wikingerzeitlichen Leben in der Siedlung dargestellt: Themenbereiche wie Haushalt, Wohnen, Ernährung, Bekleidung und Schmuck vermitteln eine Vorstellung vom Alltagsleben der Bewohner Haithabus. Weitere Schwerpunkte sind heidnische und christliche Religion, Bestattungssitten, Runensteine und Schrift der damaligen Zeit sowie Handel und Handwerk in der Stadt. Ebenso wird dem Besucher die Geschichte der Ausgrabungen und die Stadtentwicklung Haithabus und Schleswigs nahegebracht.

Höhepunkt der Ausstellung ist die Schiffshalle, in der vor den Augen der Besucher das 1979 im Hafen geborgene Wrack eines Wikinger-Kriegsschiffes wieder aufgebaut wird. Zudem wird eindrucksvoll der Bau eines Einbaums demonstriert und über die Schiffahrt der damaligen Zeit berichtet, von der Haithabu lebte, in dessen Hafen sich Seeleute aus aller Welt getroffen haben dürften.

Verschiedene regelmäßig gezeigte Filme über die Wikingerzeit und die archäologischen Forschungen runden das Programm des Museums ab.

Die Langwälle des Danewerks sind mit insgesamt 30 Kilometern das größte archäologische Denkmal Nordeuropas. Diese Verteidigungsanlage, die mit dem Ringwall der ehemaligen Stadt Haithabu in Verbindung steht, kann von hier aus in westlicher Richtung über Busdorf erwandert werden. Man kann auch per Auto Richtung Autobahn Hamburg/Flensburg fahren, diese überqueren und so zum Ort Dannewerk gelangen. Hier ist das Museum „Danevirkegården" die erste Anlaufstelle. Die Entfernung zwischen Haithabu und Dannewerk beträgt etwa acht Kilometer.

Die Schleswiger Landenge, die das Danewerk abriegelte, zog sich von der Schlei über eine Breite von lediglich sieben Kilometern bis zur Eider-Treene-Niederung im Westen, die zu der damaligen Zeit unpassierbar war. Der Kontrolle dieser Landenge kam folglich in bezug auf Jütland aber auch im Hinblick auf die Handelsstadt Haithabu besondere Geltung zu. Die dänischen Könige haben dieser Südgrenze ihres Reiches im Mittelalter stets große Bedeutung beigemessen und die Wallanlagen mehrfach ausgebaut und erweitert. Der Bau dieser Wehranlage begann bereits vor der eigentlichen Wikingerzeit im 8. Jahrhundert.

Das komplizierte Gefüge der Wallstrecken wird in drei Wallsysteme gegliedert, die entsprechend den veränderten militärischen Anforderungen im Laufe der Zeit ausgebaut worden sind. Die Wehrlinie, die über Jahrhunderte ihre Funktion als Verteidigungslinie der Dänen gegenüber dem Süden weitgehend erfüllen konnte, verlor im Verlaufe des 13. Jahrhunderts an Bedeutung. Dies war z. T. dadurch bedingt, daß die Kriegsführung mit der Zeit neue Formen annahm. Außerdem entwickelten sich Pakte der Schleswiger Herzöge und

holsteinischen Grafen gegen die dänische Königsmacht, so
daß die Verteidigungsanlage plötzlich quasi im Feindesland
lag. Versuche, die Anlagen im 19. und 20. Jahrhundert zu
reaktivieren, blieben militärisch bedeutungslos.

Nach einem Besuch des Museums „Danevirkegården", in
dem über die Anfänge, Geschichte und Bedeutung des
Danewerks informiert wird, sollte sich eine Wanderung über
einige Kilometer der alten Wallanlage anschließen. Diese
führt einerseits zu sehenswerten Resten der ehemaligen Verteidigungsanlagen wie Thyraburg, Waldemarsmauer und
Krummwall, bietet aber andererseits dem naturkundlich
Interessierten die Möglichkeit zu einem besonderen Natur-
erlebnis: Die gesamte Anlage ist einschließlich des Bereichs
bei Haithabu bereits im Jahre 1950 als Naturschutzgebiet
„Haithabu-Danewerk" ausgewiesen worden.

Die hier vorkommenden Ökosysteme Borstgrasrasen und
Niederwald gehören zu den seltensten Lebensräumen Schleswig-Holsteins und bedürfen daher des besonderen Schutzes.
Neben den landschaftlichen Reizen einer Wanderung auf
dem historischen Grund kann man so im Bereich der Heiden
und Borstgrasrasen auch verschiedene seltene und interessante Pflanzenarten wie beispielsweise Arnika, Heidenelke,
Englischen Ginster oder Bergplatterbse finden. Der Naturschutz trägt hier also gleichzeitig zum Schutz dieses besonderen archäologischen Denkmals bei.

Restauranttips

Haithabu und Dannewerk:

Caféteria im Wikinger
Museum Haithabu
Am Haddebyer Noor 5
24866 Haddeby
bei Schleswig
☎ 0 46 21 / 3 53 43
Kleine Gerichte, besonders
frische Salate; am Museum.
Montag Ruhetag.

Historischer Gasthof
Rothenkrug
Ochsenweg 3
25867 Dannewerk
☎ 0 46 21 / 3 42 60
Fleischgerichte und
Fischspezialitäten; am
Danewerk.

Am Runenstein
Am Margarethenwall
24866 Busdorf
☎ 0 46 21 / 3 21 90
Fisch- und Fleischgerichte;
nahe dem Busdorfer
Runenstein gelegen;
Montag Ruhetag.

Termine zwischen Flensburg und Eckernförde

Neben einer Vielzahl von lokalen Veranstaltungen, Konzerten, Handwerkermärkten und Vorträgen gibt es eine ganze Reihe meist jährlich und regelmäßig stattfindender Veranstaltungen, die zum Teil auf eine lange Tradition zurückblicken können. Die folgende Übersicht stellt einige wichtige Termine zwischen Flensburg und Eckernförde sowie den Randbereichen dieser Region vor. Weitere Hinweise zu lokalen Terminen und Veranstaltungen erteilen gerne die Fremdenverkehrsämter.

Schleswig-Holstein Musikfestival (SHMF)
Jeden Sommer finden an über 30 Orten, in Schlössern, Herrenhäusern, Scheunen und Kirchen Konzerte mit namhaften Künstlern statt. Dieses Festival, das die klassische Musik einem breiten Publikum öffnet, gehört inzwischen zu den größten Klassik-Veranstaltungen Europas. Zwischen Kiel und Flensburg finden Konzerte im Schloß zu Kiel, im Schloß Glücksburg, im Schleswiger Dom, in der St. Nicolai-Kirche in Kappeln, im Deutschen Haus in Flensburg sowie in den Herrenhäusern Emkendorf und Altenhof statt. Info: Schleswig-Holstein Musikfestival, ☎ 0 40 / 2 48 21 10.

Schleswig-Holstein Gourmetfestival
Fünf Monate lang (Oktober bis Februar) laden verschiedene bekannte Restaurants des Landes zu einer kulinarischen Galaveranstaltung ein, bei der jeweils ein hochkarätiger Gastkoch mit den Köchen des Hauses ein erlesenes Menü zaubert. Info: Geschäftsstelle Kooperation Gastliches Wikingerland e. V., ☎ 0 46 21 / 38 32 86.

Nordische Tafelfreuden

Ein weiteres kulinarisch-gastliches Festival, in Feinschmek-ker-Restaurants über ganz Schleswig-Holstein verteilt, sind die „Nordischen Tafelfreuden". Geladene Meisterköche aus vielen Ländern kreieren mit regionalen Grundprodukten erlesene Speisefolgen. Inzwischen hat sich die Veranstaltung mit der Teilnahme Dänemarks und Mecklenburgs auch nach Norden und Osten ausgedehnt. Info: Historischer Krug Oeversee, ☎ 0 46 30 / 3 00.

Damp

Internationales Drachenfest

Jeden Herbst locken die ersten Herbstwinde nicht nur Lenk-drachenfreunde aus dem In- und Ausland ins Ostseebad Damp zum größten Drachenfest Deutschlands, sondern auch Tausende von Besuchern lassen sich gerne von dem bunten Spektakel beeindrucken. Info: Ostseebad Damp, Presse-abteilung, ☎ 0 43 52 / 80 80 74.

Eckernförde

Aal-Regatta

Zu Beginn der Kieler Woche am vorletzten Wochenende im Juni findet die Regatta von Kiel nach Eckernförde und zu-rück statt; in Eckernförde kommen zahlreiche Oldtimer-Segelschiffe dazu, und es wird ein buntes Begrüßungspro-gramm geboten.

Eckernförder Sprottentage

Da die „Echten Kieler Sprotten" überwiegend aus Eckern-förde kommen, wo die kleinen Heringsverwandten geräu-chert werden, ist es nur recht und billig, daß diese kleinen Delikatessen zum Mittelpunkt eines Stadtfestes in der ersten Augusthälfte gemacht werden. Info: Kurverwaltung Eckern-förde, ☎ 0 43 51 / 9 05 20.

Flensburg
Rum-Regatta
Flensburg ist auch heute noch als Rum-Stadt bekannt. Früher haben Flensburgs Kaufleute regen Rumhandel mit Westindien betrieben, ein Privileg, das ihnen vom dänischen König verliehen wurde.
Am Wochenende nach Himmelfahrt findet in der Altstadt und am Museumshafen ein maritimer Markt statt. Höhepunkt ist die Regatta der Traditionssegler. Info: Verein Museumshafen e. V., ☎ 04 61 / 2 91 22.

Kappeln
Kappelner Heringstage
Im Mittelpunkt dieses Stadtfestes, das alljährlich von Himmelfahrt bis zum darauffolgenden Sonntag stattfindet, steht der Hering, der in Kappeln noch in dem Heringszaun aus dem 15. Jahrhundert in der Schlei gefangen wird. Die Restaurants bieten dann Hering in allen Zubereitungs-Variationen an. Info: Stadt Kappeln, ☎ 0 46 42 / 1 83 68.

Schleswig
Wikinger-Tage
Alle zwei Jahre (1994 das nächste Mal) im Sommer kann man sich in Hägars Zeiten zurückversetzt fühlen. Bei dem Stadtfest mit großem Programm wird der Stadtkern Schleswigs zu einem bunten und fröhlichen mittelalterlichen Markt. Info: Stadt Schleswig, Kulturamt, ☎ 0 46 21 / 81 42 80.

Domkonzerte
Jeden Mittwoch von Mai bis September kommen Musikfreunde bei den Orgel- und Chorkonzerten im Schleswiger Dom auf ihre Kosten. Info: Touristeninformation,
☎ 0 46 21 / 81 42 26 und Domküsterei, ☎ 0 46 21 / 96 30 54.

Informationen von A bis Z

Angeln

Bei dem Küsten- und Gewässerreichtum Schleswig-Holsteins gibt es zahlreiche Möglichkeiten, auf Binnengewässern, an der Küste und auf hoher See den Haken ins Wasser zu hängen. Eine Broschüre des Fremdenverkehrsverbandes Schleswig-Holstein informiert über Angelmöglichkeiten im Lande.

Baden

Die Badewasserqualität der Nord- und Ostsee gilt als gut bis sehr gut. Die Badestellen am Meer wie auch die des Binnenlandes werden regelmäßig überwacht. Informationen über die aktuelle Qualität der Badegewässer bekommt man bei den örtlichen Kurverwaltungen, beim Ministerium für Natur, Umwelt und Landesentwicklung (☎ 04 31 / 20 52 44 und 21 93 26) sowie bei den zuständigen Gesundheitsbehörden: Schleswig-Flensburg (0 46 21 / 8 10 21), Rendsburg-Eckernförde (0 43 31 / 20 22 45) und Flensburg (04 61 / 85 26 00).

Camping

Camping-Urlaub ist in Schleswig-Holstein kein Problem. Hier gibt es das dichteste Netz von Campingplätzen aller Bundesländer. Einen Spezialprospekt über Camping in Schleswig-Holstein gibt es beim Fremdenverkehrsverband in Kiel; Info auch beim Verband der Campingplatzhalter Schleswig-Holstein e. V. (☎ 0 45 54 / 17 57).

Essen

Die schleswig-holsteinische Küche gilt als deftig-kräftig, wie zum Beispiel das Schwarzsauer, ein Gericht aus Fleisch, Brühe und Blut, das früher zu Schlachtfesten gereicht wurde. Birnen, Bohnen und Speck sind eine beliebte spätsommer-

liche Spezialität. Ebenfalls deftig ist die Aalsuppe, in die
neben Schinkenknochen, Fleisch, reichlich Gemüse und
Obst frische Stücke gekochten Aals hineingehören.

Die beiden Küsten bieten natürlich reichlich Spezialitäten
des Meeres: frische Schollen oder Butt, am besten in Speck
gebraten, Aal, Matjes, gebratene Heringe in Sauer, Dorsch
in Senfsoße oder das Seemannsgericht Labskaus. Auch die
geräucherten Spezialitäten, die Kieler Sprotten und den Holsteiner Katenrauchschinken, sollte man probiert haben.

Es gibt eine Vielzahl regionaler Besonderheiten, so z. B. den
Schnüsch, das Nationalgericht in Angeln aus frischem
Gemüse, Milch, Kartoffeln und einem großen Schinkenkno-
chen, zu dem man Schinken oder Matjes ißt.

Sehr beliebt sind auch süße Buttermilchsuppen, Fliederbeer-
suppe (aus Holunderbeeren) oder die cremige Rote Grütze
aus den verschiedensten sommerlichen Beeren.

Für besondere Feinschmecker bieten das „Schleswig-Holstein Gourmetfestival" und die „Nordischen Tafelfreuden"
(siehe: Termine zwischen Flensburg und Eckernförde S. 180/
181) die Möglichkeit, das kulinarische Schleswig-Holstein
kennenzulernen.

Fährverbindungen
siehe Schiffsverbindungen

Fahrradverleih
In den Städten, den Kurorten und vielen Dörfern gibt es pri-
vate Verleiher. Beim Service „Fahrrad am Bahnhof" der
Deutschen Bundesbahn, der vom 1. April bis 31. Oktober
angeboten wird, können Sie ein Fahrrad mieten. Flensburg,
☎ 04 61 / 86 13 46; Schleswig, ☎ 0 46 21 / 3 21 09 und 3 27 08.

Ferienparks
Die fünf Ferienparks in Schleswig-Holstein bieten kompak-
ten Urlaub mit reichem Freizeitangebot. Neben den Ferien-
zentren Holm, Weissenhäuser Strand, Heiligenhafen und

Südstrand auf Fehmarn, die östlich von Kiel liegen, gibt es zwischen Eckernförde und Flensburg das Ferienzentrum Damp. Info: ☎ 0 43 52 / 8 06 66.

Ferien auf dem Bauernhof
Urlaub beim Bauern ist besonders für Familien mit Kindern eine interessante Angelegenheit. Etwa 3 000 landwirtschaftliche Betriebe in Schleswig-Holstein bieten inzwischen Urlaub auf dem Bauernhof an. In einem Spezialprospekt des Fremdenverkehrsverbandes Schleswig-Holstein stehen genauere Informationen und Adressen.

Freizeit-Parks
Neben dem größten Freizeitpark Norddeutschlands, dem Hansapark bei Sierksdorf, gibt es auch einen Familien-Freizeit-Park in Tolk bei Schleswig (Info: ☎ 0 46 22 / 9 22). Neben vielfältigen Freizeitangeboten besonders für Kinder werden naturkundliche Sammlungen angeboten. Geöffnet von Ostern bis Ende Herbstferien Schleswig-Holstein von 9.00−18.00 Uhr.

Fremdenverkehrsverband Schleswig-Holstein
siehe Touristen-Information und Fremdenverkehr

Geographische Daten Schleswig-Holsteins
Bei einer Gesamtfläche von 15 731 Quadratkilometern beträgt die größte Entfernung in Nord-Süd-Richtung 236 km und in West-Ost-Richtung 165 km (Eiderstedt bis Fehmarnsund), während die kürzeste Entfernung in der Breite zwischen Schleswig und Husum 33 km beträgt.
Die Küstenlänge an der Ostsee beträgt ohne Schlei und Fehmarn 313 km. Die Landgrenze zu Dänemark hat eine Länge von 67 km. Größte Bodenerhebung ist der Bungsberg (Gemeinde Schönwalde) mit 167 m über NN, tiefste Landstelle ist bei Wilster (Kreis Steinburg). Sie ist gleichzeitig tiefste deutsche Landstelle mit 3,54 m unter NN.

**Die wichtigsten
Herrenhäuser**

1 Schloß Glücksburg
2 Gelting
3 Rundhof
4 Drült
5 Buckhagen
6 Roest
7 Dollrott
8 Lindauhof
9 Schloß Gottorf
10 Marienhof
11 Krieseby
12 Stubbe
13 Damp
14 Grünholz
15 Ludwigsburg
16 Saxtorf
17 Hemmelmark
18 Louisenlund
19 Windeby
20 Altenhof
21 Noer
22 Wulfshagen
23 Knoop
24 Rosenkrantz
25 Kieler Schloß
26 Kluvensiek
27 Klein-Nordsee
28 Bossee
29 Emkendorf
30 Deutsch-Nienhof
31 Schierensee
32 Salzau

Store Rise

Ærø

Ma
Bu

Nieby

 Kronsgaard

Hasselberg

Maasholm

Kappeln

Broatersby

Schönhagen

rnis

Karby
mark Dörphof

203

oy 14 13 Damp

oy

s e n

Kieler Bucht

Waabs

se 15
Ludwigsburg

Eckernförder Bucht

Surendorf

förde 21 Schwedeneck

Dänischer

Neudorf- 503

Osdorf Dänischen-
hagen Strande

-Bornstein *W o h l d* Stein Kalifornien

ettorf 22 Felm Schönberger
Strand

Altez Wisch

Laboe Wendtorf

23 Schönberg
(Holst.)

Neu- 502
wittenbek Heiken- *P r o b s*
dorf

24 Mönkeberg Krummbek

hinker Pröbsteier-
hagen Hohenfelde

Quarnbek **Krons-** Schön- zau Köhn
hagen 25 kirchen 32

27 AB-Dr. Klausdorf Pratjau
Kiel-West Fargau-
Achterwehr *Selenter*
Dobersd. *See*
30 31 Elmschen- *See* Gie
ielken hagen Raisdorf *W*

Größte Seen sind Großer Plöner See (29 qkm), Selenter See (22 qkm), Ratzeburger See (14 qkm), Schaalsee (Anteil Schleswig-Holstein 12 qkm), Wittensee (10 qkm) und Westensee (7 qkm). Längster Fluß ist die Eider (180 km), und der bedeutendste Kanal ist der Nord-Ostsee-Kanal (99 km).

Herrenhäuser

Weite Teile der schleswig-holsteinischen Landschaft, besonders im Osten des Landes, werden durch die adeligen Güter mit zum Teil imposanten Herrenhäusern und Schlössern bestimmt. Die Karte gibt eine Übersicht über die wichtigsten Herrenhäuser der Region. Die meisten von ihnen sind privat bewohnt und können nicht besichtigt werden. In den Herrenhäusern von Altenhof, Knoop und Emkendorf sind Besichtigungen für Gruppen und nach Voranmeldung möglich.

Jugendherbergen

Borgwedel: Kreisstraße 17, 24857 Borgwedel/Schlei, ☎ 0 43 54 / 2 19.

Eckernförde: Sehstedter Straße 27, 24340 Eckernförde, ☎ 0 43 51 / 21 54.

Flensburg: Fichtestraße 16, 24943 Flensburg, ☎ 04 61 / 3 77 42.

Friedrichstadt: Ostdeutsche Straße 1, 25840 Friedrichstadt/ Eider, ☎ 0 48 81 / 79 84.

Kappeln: Eckernförder Straße 2, 24376 Kappeln, ☎ 0 46 42 / 85 50.

Schleswig: „Nordmark-JH", Spielkoppel 1, 24837 Schleswig, ☎ 0 46 21 / 2 38 93.

Sønderborg: Kærvej 70, 6400 Sønderborg, Dänemark, ☎ 74 42 31 12; 16.00−20.00 Uhr erreichbar.

Sønderborg: Vollerup Vandererhjem „Abildgården", Mommarksvej 22, Vollerup, 6400 Sønderborg, ☎ 74 42 39 90.

Kinder
Natur, Strand und Wasser allein sind für Kinder schon interessant, aber Schleswig-Holstein ist weiterhin bemüht, noch
kinderfreundlicher zu werden und eine kindgerechte Infrastruktur auszubauen. Ein Bilderbuch und einen Kinderpro-
spekt über Schleswig-Holstein gibt es beim Fremdenverkehrsverband in Kiel. Der Kinderpaß ist ein Ermäßigungs-
gutschein für junge Urlauber bis 14 Jahre.

Knicks
Knicks sind freiwachsende Wallhecken, die ein besonders
prägendes Element der schleswig-holsteinischen Landschaft
darstellen. Zur Pflege der Knicks gehört es, daß sämtliche im
Knick wachsende Gehölze alle paar Jahre kurz abgeschnitten
(„geknickt") werden; einige größere Bäume werden im
Knick als sogenannte „Überhälter" stehengelassen. In der intensiv genutzten Agrarlandschaft stellen die Knicks wichtige
Refugien für eine vielfältige Tier- und Pflanzenwelt dar und
haben zudem eine wichtige Funktion beim Biotopverbund.

Kurabgabe
Die meisten Kur- und Badeorte erheben eine von vielen als
Ärgernis empfundene Kurtaxe. Diese Abgaben werden indes dazu benutzt, die Kur- und Erholungseinrichtungen zu
erstellen und zu pflegen. Inzwischen erkennen die Ferienorte
in Schleswig-Holstein gegenseitig die Kurkarten anderer
Orte an, so daß man nur einmal bezahlen muß.

Kuren
Über hundert staatlich anerkannte Heilbäder, Kur- und Er-
holungsorte, davon etwa 40 Seeheilbäder und Seebäder an
den Küsten, gibt es im Land. Der Fremdenverkehrsverband
Schleswig-Holstein und der Heilbäderverband Schleswig-
Holstein (☎ 04 31 / 5 60 00) informieren über einen Kur-Auf-
enthalt in Schleswig-Holstein.

Landschaftsschutzgebiete (LSGs)
siehe Schutzgebiete

Ministerien und Behörden
Akademie für Natur und Umwelt, Carlstraße 169, 24537 Neumünster, ☎ 0 43 21 / 9 07 10.
Landesamt für Naturschutz und Landschaftspflege, Hansaring 1, 24145 Kiel, ☎ 04 31 / 71 83 90
Landesamt für Wasserhaushalt und Küsten, Saarbrückenstr. 38, 24114 Kiel, ☎ 04 31 / 6 64 90.
Ministerium für Natur, Umwelt und Landesentwicklung – Referat Öffentlichkeitsarbeit, Grenzstr. 1−5, 24149 Kiel, ☎ 04 31 / 2 19-267
Ministerium für Arbeit und Soziales, Jugend, Gesundheit und Energie, Pressereferat, Brunswiker Str. 16−22, 24105 Kiel, ☎ 04 31 / 5 96-5160
Staatliche Vogelschutzwarte, Olshausenstr. 40, 24118 Kiel, ☎ 04 31 / 88 0-45 02

Museen
24867 Dannewerk (bei Schleswig)
Danevirkegården/Museum am Danewerk, Ochsenweg 5, 24867 Dannewerk, ☎ 0 46 21 / 3 78 14 (15. Feb.−30. Nov. Di.−Fr. 9−17 Uhr, Sa., So. und Feiertage 10−18 Uhr, Mo. geschlossen; 1. Dez.−14. Feb. Winterpause, nach Absprache geöffnet).

24340 Eckernförde
Heimatmuseum, Altes Rathaus, Rathausmarkt 8, ☎ 0 43 51 / 90 41 36 (Di.−Fr. 15−17 Uhr, Sa. und So. 10−17 Uhr, Juli/ Aug. täglich 10−17 Uhr außer Mo.; Jan. nur Sa. und So. 10−17 Uhr).

24937 Flensburg
Naturwissenschaftliches Heimatmuseum, Süderhofenden 40−42, ☎ 04 61 / 85 25 04 (Di.−Fr. 10−13 und 15−17 Uhr).

Phänomenta, Norderstr. 159/161, ☎ 04 61 / 18 06 85 (Di.−Fr. 10−17 Uhr, Sa. 14−18 Uhr, So. 10−17 Uhr)
Städtisches Museum, Lutherplatz 1, ☎ 04 61 / 85 29 56 (Di.−Sa. 10−17 Uhr, So. 10−13 Uhr)
Schiffahrtsmuseum, Schiffbrücke 39, ☎ 04 61 / 85 29 70 (Di.−Sa. 10−17 Uhr, So. 10−13 Uhr)

24960 Glücksburg
Schloßmuseum, Schloß, ☎ 0 46 31 / 22 43 und 22 13 (1. März−30. Apr. und 1. Nov.−1. Jan. 10−12 Uhr und 14−16 Uhr, Karfreitag−Ostermo. 10−16 Uhr; 1. Mai−30. Sep. 10−17 Uhr, 1. Okt.−31. Okt. 10−16.30 Uhr, Mo. geschlossen; Nov.−Apr. Öffnungszeiten telefonisch erfragen)

24879 Idstedt (Schleswig)
Idstedt-Halle, Idstedt-Stiftung, Idstedter Kirche 1, ☎ 0 46 25 / 4 02 und 0 46 21 / 8 73 52 (Apr.−Sept. Di.−So. 8−18 Uhr, Okt.−März täglich außer Sa. 9−17 Uhr, Gruppen n. V.)

23476 Kappeln
Schleimuseum, Mittelstr. 8, ☎ 0 46 42 / 14 28 (März−Okt. Mi., Fr., Sa. 15−17 Uhr und n. V.)

24837 Schleswig
Archäologisches Landesmuseum der Christian-Albrechts-Universität Kiel, Schloß Gottorf, ☎ 0 46 21 / 81 33 00 (März−Okt. täglich 9−17 Uhr, Nov.−Feb. Di.−So. 9.30−16 Uhr, Bußtag, 24., 25., 31. Dez. und 1. Jan. geschlossen)
Schleswig-Holsteinisches Landesmuseum, Schloß Gottorf, ☎ 0 46 21 / 81 32 22 und 81 30 (März−Okt. täglich 9−17 Uhr [Mo. eingeschränkt], Nov.−Feb. Di.−So. 9.30−16 Uhr; Bußtag, 24., 25., 31. Dez. und 1. Jan. geschlossen)
Städtisches Museum, Friedrichstr. 9−11, ☎ 0 46 21 / 81 42 80, bekommt im Laufe des Jahres 1994 eine neue Rufnummer (Di.−So. 10−17 Uhr)

Holm-Museum, Süderholmstr. 2, ☎ siehe Städtisches Museum (1. Mai−31. Okt. täglich 8−21 Uhr, 1. Nov.−30. Apr. täglich 8−20 Uhr)

Wikinger Museum Haithabu, ☎ 0 46 21 / 81 33 00 (Apr.−Okt. täglich 9−18 Uhr, Nov.−März Di.−Fr. 9−17 Uhr, Sa., So. 10−18 Uhr; 24., 25. 12. und 1. 1. geschlossen)

24977 Unewatt (Langballig)

Landschaftsmuseum Angeln, Unewatter Str. 2, ☎ 0 46 36 / 10 21 (Apr.−Okt. täglich außer Mo. 10−16 Uhr, Gruppen n. V.)

Informationen und Faltblatt über die Volkskundlichen Sammlungen und Dorfmuseen im Kreis Schleswig-Flensburg bei:

Kulturstiftung des Kreises Schleswig-Flensburg, Suadicanistr. 1, 24837 Schleswig, ☎ 0 46 21 / 96 01 12

DK−6400 Sønderborg:

Dybbøl Mühle, Dybbøl Banke 7, ☎ 74 48 69 91 (1. 1.−14. 6. 13−17 Uhr; 15. 6.−17. 8. 10−16 Uhr; 18. 8−30. 9. 13−16 Uhr)

Geschichtszentrum „Dybbøl Banke", Dybbøl Banke 16, ☎ 74 42 25 39 (1. 4.−30. 6. 10−17 Uhr; 1. 7.−30. 8. 10−18 Uhr; 1. 9.−31. 10. 10−17 Uhr)

Schloß Sønderborg, Museetpåslottet, 6400 Sønderborg, ☎ 74 42 25 39 (1. 1.−31. 3. 13−16 Uhr; 1. 4.−30. 4. 10−16 Uhr; 1. 5.−30. 9. 10−17 Uhr)

Naturschutz

Neben dem staatlichen Naturschutz (Ministerium, Landesämter, Landschaftspflegebehörden) gibt es eine Vielzahl von landesweit und lokal aktiven Naturschutzverbänden, die sich in überwiegend ehrenamtlicher Tätigkeit dem Naturschutz widmen. Dachverband ist der Landesnaturschutzverband (☎ 04 31 / 9 30 27) in Kiel. Nach dem neuen Landesnaturschutzgesetz von 1993 ist es erklärtes Ziel, auf mindestens 15 Prozent der Landesfläche einen Vorrang für den Naturschutz zu begründen.

Naturlaub

Die Aktion „Naturlaub" ist eine gemeinsame Initiative des Fremdenverkehrsverbandes Schleswig-Holstein und der großen Natur- und Umweltschutzvereinigungen des Landes. Ein Prospekt über Natur und Urlaub gibt Anregungen für richtiges Verhalten in der Natur und einen naturverträglichen Urlaub.

Naturschutzgebiete (NSGs)

siehe Schutzgebiete

Naturschutzvereine

siehe Umwelt- und Naturschutz

Radfahren

Ensprechend der zunehmenden Beliebtheit, die Landschaft umweltfreundlich per Fahrrad zu erleben, ist das Radwegenetz im beständigen Ausbau begriffen, und die meisten Fremdenverkehrsvereine bieten ausgearbeitete Radtouren und Karten an. Infos über Radeln und organisierte Radtouren gibt es beim Fremdenverkehrsverband Schleswig-Holstein, beim Allgemeinen Deutschen Fahrrad-Club (ADFC) Landesverband Schleswig-Holstein, Jeßstr. 25, 24012 Kiel, ☎ 04 31 / 6 31 90 und beim Ostseebäderverband Schleswig-Holstein.

Reiten

Das Land zwischen den Meeren läßt sich auch auf dem Rükken der Pferde erkunden. Die Erstellung eines landesweiten Wegenetzes für Reiter ist geplant. Ein Prospekt „Reiten" des Fremdenverkehrsverbandes zeigt Möglichkeiten, den Urlaub in Schleswig-Holstein im Sattel zu verbringen.

Rote Listen

Rote Listen der gefährdeten Tier- und Pflanzenarten dokumentieren die Gefährdungssituation der heimischen Flora und Fauna und haben sich zu einer wichtigen Argumentationshilfe in der Naturschutzpolitik entwickelt. Für Schleswig-Holstein liegen u. a. folgende aktuelle Listen vor bzw. sind in Arbeit: Farn- und Blütenpflanzen, Mollusken, Heuschrecken, Schmetterlinge, Käfer, Süßwasserfische, Amphibien und Reptilien, Vögel und Säugetiere.

Schiffsverbindungen und -ausflüge

Von zahlreichen Häfen zwischen Eckernförde und Flensburg werden Städte und Inseln in Dänemark angelaufen. Auch Tagestouren sind möglich (gültigen Ausweis nicht vergessen!). Verschiedene Hafen- und Ausflugsfahrten führen durch die Förden der Ostseeküste, wobei besonders die weit ins Binnenland reichende Schlei zu empfehlen ist (siehe: Der besondere Tip). Bei einigen Fahrten ist zollfreier Einkauf möglich.

Schleswig-Holstein Musikfestival (SHMF)

Intendant Justus Frantz lädt allsommerlich zum vielbesuchten Musikfestival mit großen Künstlern aus aller Welt ein. In Konzertsälen, Kirchen, Scheunen und Herrenhäusern bietet Europas größtes Klassik-Festival klassische Musik für Einsteiger und Kenner. Prospekte erhalten Sie beim Fremdenverkehrsverband Schleswig-Holstein und bei der Organisationsgesellschaft des SHMF, Hohenbergstr. 4, 24105 Kiel, und Holzdamm 40, 20099 Hamburg.

Schutzgebiete

Es gibt Nationalparks, Naturparks, Naturdenkmale, Landschaftsschutzgebiete (LSG) und Naturschutzgebiete (NSG): In Nationalparks werden großräumige, wenig beeinflußte Naturlandschaften mit herausragenden Landschaftselementen unter Schutz gestellt. In Schleswig-Holstein ist das Wattenmeer der Nordseeküste Nationalpark.

Als Naturdenkmale werden Einzelschöpfungen der Natur, wie z. B. Quellen, Kliffs, Alleen oder Einzelbäume geschützt. LSG dienen dem Schutz und Erhalt des Naturhaushalts und der Vielfalt und Besonderheit des Landschaftsbildes u. a. aufgrund der besonderen Erholungseignung. Rund ein Drittel der Landesfläche ist als LSG ausgewiesen.

NSG stellen die höchste Schutzkategorie des deutschen Naturschutzrechts dar. In diesen Gebieten steht der besondere Schutz von Natur und Landschaft im Vordergrund. Es gibt inzwischen über 150 NSG in Schleswig-Holstein.

Bestimmte Ökosystemtypen wie Sümpfe, Moore, Heiden, Dünen, Knicks usw. stehen pauschal unter Schutz.

Touristen-Information und Fremdenverkehr

Fremdenverkehrsverband Schleswig-Holstein e. V., Niemannsweg 31, 24105 Kiel, ☎ 04 31 / 5 60 00 und 5 60 025 / 26.

Ostseebäderverband Schleswig-Holstein e. V., Vorderreihe 57, 23570 Lübeck, ☎ 0 45 02 / 68 63 und 42 22.

Presse- und Informationsstelle der Landesregierung Schleswig-Holstein, Landeshaus, 24105 Kiel, ☎ 04 31 / 5 96-2533 / -2591.

Amt für Wirtschaft und Touristik, Kreis Schleswig-Flensburg, Flensburger Str. 7, 24837 Schleswig, ☎ 0 46 21 / 8 73 63.

Flensburg und Angeln:

Fremdenverkehrsverein „Südangeln zwischen den Meeren e. V.", PF 11 52, 24858 Böklund, ☎ 0 46 23 / 7 80 und 0 46 25 / 5 13.

Verkehrsverein für Flensburg und Umgebung e. V., Amalie-Lamp-Speicher, Speicherlinie 40, 24937 Flensburg, ☎ 04 61 / 2 30 90.

Kurverwaltung, Sandwigstr. 1 a, 24960 Glücksburg, ☎ 0 46 31 / 6 00 70.

Fremdenverkehrsverband „Amt Langballig", Süderende 1, 24977 Langballig, ☎ 0 46 36 / 88 36.

Fremdenverkehrsverband „Ostsee−Hasselberg−Maasholm", Am Kliff 44, 24404 Maasholm, ☎ 0 46 42 / 62 28 und 62 98.

Fremdenverkehrsverein „Ostangeln", An der B 199, 24935 Gelting, ☎ 0 46 43 / 7 77.
Fremdenverkehrsverein „Sörup am Südensee", Winderad 7, 24966 Sörup, ☎ 0 46 35 / 6 92 und 23 77.
Tourist-Information „Steinbergkirche", Holmlüde 2, 24972 Steinbergkirche, ☎ 0 46 32 / 74 14.

Schleswig und Schlei:
Fremdenverkehrsverein Schleidörfer e. V.; Tourist-Information, Königstr. 3, 24392 Süderbrarup, ☎ 0 46 41 / 34 11.
Kurverwaltung Schönhagen/Brodersby, Strandstr. 8, 24398 Schönhagen/Brodersby, ☎ 0 46 44 / 4 46.
Tourist-Information der Stadt Kappeln, Schleswiger Str. 1 (Mühle „Amanda"), 24376 Kappeln, ☎ 0 46 42 / 4 02 72 43 76.
Tourist-Information, Plessenstr. 7, 24837 Schleswig,
☎ 0 46 21 / 81 42 26 und 81 42 27.

Eckernförde und Schwansen:
Kurverwaltung Eckernförde, PF 14 40, 24334 Eckernförde,
☎ 0 43 51 / 7 17 90.
Fremdenverkehrsverein „Mittelschwansen zwischen Schlei und Ostsee", Dorfstr. 39 b, 24364 Holzdorf, ☎ 0 43 52 / 23 53.
Ostseeheilbad „Damp", PF 10 00, 24349 Damp, ☎ 0 43 52 / 8 06 66.

Sønderborg:
Sønderborg Turistenbureau, Rådhustorvet 7, 6400 Sønderborg, ☎ 74 42 35 55.

Friedrichstadt:
Tourist-Information, Am Markt 9, 25840 Friedrichstadt,
☎ 0 48 81 / 72 40 und 16 12.

Fremdenverkehrsverein „Stapelholm", Hauptstr. 4, 25879 Süderstapel, ☎ 0 48 83 / 12 00.

Fremdenverkehrsverein „Haddeby-Dannewerk/Kropper Geest e. V., Selker Weg 28, 24878 Jagel, ☎ 0 46 24 / 88 85 und 32 02.

Umwelt- und Naturschutz

Naturschutzverbände:

Arbeitsgemeinschaft Geobotanik in Schleswig-Holstein und Hamburg e. V., Biologiezentrum der Universität, Olshausenstr. 40, 24098 Kiel, ☎ 04 31 / 8 80-4285.

Arbeitsgemeinschaft „Rettet Feuchtgebiete", Moltkestr. 40, 24937 Flensburg, ☎ 04 61 / 5 13 96.

Bund für Umwelt- und Naturschutz Deutschland (BUND) Landesverband Schleswig-Holstein, Lerchenstr. 22, 24103 Kiel, ☎ 04 31 / 67 30 31.

Faunistisch-Ökologische Arbeitsgemeinschaft (FÖAG), Biologiezentrum der Universität, Olshausenstr. 40, 24098 Kiel, ☎ 04 31 / 8 80-4155/56.

Info-Zentrum Bergenhusen des NABU, Goosstroot 1, 24861 Bergenhusen, ☎ 0 48 85 / 5 70.

Landesjagdverband Schleswig-Holstein e. V., Krusenrotter Weg 67, 24113 Kiel, ☎ 04 31 / 68 36 01.

Landesnaturschutzverband Schleswig-Holstein e. V. (LNV), Burgstr. 4, 24103 Kiel, ☎ 04 31 / 9 30 27.

Landessportfischerverband Schleswig-Holstein e. V., Hamburger Chaussee 102, 24113 Kiel, ☎ 04 31./ 69 49 23.

Landesumweltschutzverband Schleswig-Holstein (LUSH) e. V., Friedrichstal 32, 24939 Flensburg, ☎ 04 61 / 4 58 00.

Naturschutzbund Deutschland (NABU) Landesverband Schleswig-Holstein, Carlstr. 169, 24537 Neumünster, ☎ 0 43 21 / 5 37 34.

Ornithologische Arbeitsgemeinschaft für Schleswig-Holstein und Hamburg e. V., Biologiezentrum der Universität, Olshausenstr. 40, 24098 Kiel, ☎ 04 31 / 8 80-4503.

Touristenverein „Die Naturfreunde", Limkath 5, 24782 Büdelsdorf, ☎ 0 43 31 / 3 25 88.

Verein Jordsand zum Schutze der Seevögel und der Natur

e. V., „Haus der Natur", Wulfsdorf, 22926 Ahrensburg, ☎ 0 41 02 / 3 26 56.

Wandern

In vielen Feriengebieten gibt es inzwischen ein gut ausgebautes und markiertes Wanderwegenetz. Über die Fern- und Hauptwanderwege in Schleswig-Holstein informiert die Wanderbewegung Norddeutschland.
Infos über geführte Wandertouren gibt es beim Ostseebäderverband und Fremdenverkehrsverband Schleswig-Holstein.

Wandern und Radfahren

Allgemeiner Deutscher Fahrrad-Club (ADFC), Landesverband Schleswig-Holstein, Jeßstr. 25, 24012 Kiel, ☎ 04 31 / 6 31 90.
Wanderbewegung Norddeutschland e. V., Große Reichenstr. 27, 20457 Hamburg, ☎ 0 40 / 32 73 23.

Wassersport

Bei dem Gewässerreichtum Schleswig-Holsteins kommen die Freunde des nassen Elements voll auf ihre Kosten. An den Stellen, wo Gewässer oder einzelne Uferbereiche aus Gründen des Naturschutzes gesperrt sind, sollten Wasser- und Naturfreunde die Einschränkungen auf jeden Fall respektieren. Ein Prospekt des Fremdenverkehrsverbandes Schleswig-Holstein informiert über Wassersportmöglichkeiten an und zwischen den Meeren.

Zecken

Unliebsame Plagegeister, die sich am Naturwanderer gerne festmachen und ansaugen. Über mögliche Gesundheitsgefahren durch Zeckenstiche informiert ein Faltblatt des Ministers für Arbeit, Soziales, Jugend, Gesundheit und Energie Schleswig-Holsteins (siehe Ministerien und Behörden).

Literatur und Karten

Schleswig-Holstein

Bähr, J. & G. Kortum (1987):
Schleswig-Holstein – Eine landes-
kundliche Einführung. Samml.
Geograph. Führer 15, 1–54, Gebr.
Borntraeger, Berlin, Stuttgart.

Degn, C. & U. Muuß (1984):
Luftbildatlas Schleswig-Holstein
und Hamburg. Wachholtz,
Neumünster, 240 S.

Erfurt, H.-J. & V. Dierschke
(1992): Oehe-Schleimünde –
Naturschutzgebiet an der Ostseeküste Schleswig-Holsteins. Seevögel
Bd. 13, Sonderheft 1, S. 1–104.

Jessel, H. (1992): Schleswig-Holstein. Eine Bildreise.
Ellert & Richter, Hamburg, 96 S.

Kamphausen, A. (1977): Schleswig-
Holstein – Land der Küste. Glock
und Lutz, Heroldsberg, 352 S.

Koch, H. J. (1977): Schleswig-
Holstein. DuMont, Köln, 14. Aufl,
322 S.

Kürtz, H. J. & J. Kürtz (1985):
Schleswig-Holstein. dtv Merian,
München, 272 S.

Muuß, U. & M. Petersen (1978):
Die Küsten Schleswig-Holsteins.
Wachholtz, Neumünster, 132 S.

Rhode, J. E. (1987): Schleswig-
Holstein Lexikon für Freizeit
und Tourismus. H. Möller Söhne,
Rendsburg, 124 S.

Schmidt, G. A. J. & K. Brehm
(1974): Vogelleben zwischen Nord-
und Ostsee. Wachholtz,
Neumünster, 280 S.

Tschechne, W. (1994) Schleswig-
Holstein. Ein Reiseführer.
Ellert & Richter, 400 S.

Einzelregionen und Städte
Bronnmann, W. (1988):
Schwansen – Beschreibung einer
Landschaft. Druckhaus Schwensen,
Eckernförde, 167 S.

Detlefsen, N. (1979):
Das Angelnbuch. Wachholtz,
Neumünster, 115 S.

Langholz, H.-W. (1987):
Die Schlei – Eine norddeutsche
Fördenlandschaft. Heinrich Möller
Söhne, Rendsburg, 136 S.

Probst; W.; H.-J. Tech &
K. Vogel (1986):
Angeln von der Förde bis zur Schlei.
Schleswiger Druck- u. Verlagshaus,
Schleswig, 112 S.

Probst; W.; H.-J. Tech &

K. Vogel (1986):
Angeln von der Förde bis zur Schlei.
Schleswiger Druck- u. Verlagshaus,
Schleswig, 112 S.

Probst, W.; H.-J. Tech &
K. Vogel (1989):
Von der Küste ins Binnenland –
Angeln und Nordschwansen.
Schleswiger Druck- u. Verlagshaus,
Schleswig, 111 S.

Stolz, G. (1988): Kulturlandschaft
zwischen Schlei und Nord-Ostsee-
Kanal. Eckernförde, 162 S.

Geschichte, Geographie, Geologie
Bähr, J & G. Kortum (Hrsg.)
(1987): Schleswig-Holstein,
Gebr. Borntraeger, Berlin u.
Stuttgart, 350 S.

Scharff, A. & M. Jessen-Klingen-
berg (1984): Geschichte Schleswig-
Holsteins, Ploetz, Freiburg u.
Würzburg, 5. Aufl, 144 S.

Schlenger, H.; K.-H. Paffen &
R. Stewig (Hrsg.) (1969):
Schleswig-Holstein – Ein
geographisch-landeskundlicher
Exkursionsführer. Hirt, Kiel, 359 S.

Schmidke, K.-D. (1992): Die
Entstehung Schleswig-Holsteins.
Wachholtz, Neumünster, 128 S.

Zölitz, R. (1989): Landschafts-
geschichtliche Exkursionsziele
in Schleswig-Holstein, Wachholtz,
Neumünster, 168 S.

**Naturkunde, Natur- und
Umweltschutz**
Dierßen, K. (1988): Rote Liste der
Pflanzengesellschaften Schleswig-
Holsteins. Schr.reihe Landesamt
Natursch. u. Landschaftspfl.
Schl.-Holst. Heft 6, S. 1–157.

Emeis, W. (1950): Einführung in
das Pflanzen- und Tierleben Schleswig-Holsteins. H. Möller Söhne,
Rendsburg, 181 S.

Heydemann, B. (1973): Biologie
des Küstenlandes der Ostsee unter
dem Einfluß des Menschen.
Faun.-ökol. Mitt. 4, S. 319–334.

Heydemann, B. & J. Müller-Karch
(1980): Biologischer Atlas
Schleswig-Holstein, Lebensgemein-
schaften des Landes. Wachholtz,
Neumünster, 263 S.

Jedicke, L. & E. Jedicke (1989):
Naturdenkmale in Schleswig-
Holstein. Landbuch, Hannover
176 S.

Jüdes, U.; E. Kloehn; G. Nolof &
F. Ziesemer (Hrsg.) (1988):
Naturschutz in Schleswig-Holstein.
Wachholtz, Neumünster, 292 S.

Kranz, M; P. Schwennsen &
H.-J. Tech (1975): Geltinger Birk
und Oehe-Schleimünde – 2 Natur-
schutzgebiete an der Küste
Ostangelns. Schleswiger
Nachrichten, Schleswig, 97 S.

Kuschert, H. (1983): Wiesenvögel
in Schleswig-Holstein. Husum

Druck- u. Verlagsgesellschaft, Husum, 120 S.

Leithe-Eriksen, R. (Hrsg.) (1992): Die Ostsee. Greenpeace Communications Limited, RVG-Interbook Verlagsgesellschaft, 144 S.

Landesamt für Naturschutz und Landschaftspflege Schleswig-Holstein (Hrsg.) (1991): Beiträge zu Naturschutz und Landschaftspflege 1987–1991. Kiel, 255 S. (auch für 1979–1983 und 1983–1987)

Liedl, F; K.-M. Weber & U. Witte (1992): Die Ostsee – Meeresnatur im ökologischen Notstand. Die Werkstatt, Göttingen, 187 S.

Marquardt, G. (1950): Die Schleswig-Holsteinische Knicklandschaft. Schr. d. Geogr. d. Inst. Univ. Kiel 13 (3), 90 S.

Meier, O. G. (Hrsg.) (1985): Die Naturschutzgebiete des Kreises Rendsburg-Eckernförde und der Stadt Neumünster. Westholsteinische Verlagsanstalt Boyens & Co., Heide, 160 S.

Muuß, U; M. Petersen & D. König (1973): Die Binnengewässer Schleswig-Holsteins. Wachholtz, Neumünster, 156 S.

Ornithologische Arbeitsgemeinschaft für Schleswig-Holstein und Hamburg (Hrsg.) (1990): Die Vogelwelt Schleswig-Holsteins Band 1:

Seetaucher bis Flamingo. Wachholtz, Neumünster, 236 S. (Weitere Bände über Greif- und Entenvögel)

Reinke, J. (1903): Botanisch-geologische Streifzüge an den Küsten des Herzogtums Schleswig. Wiss. Meeresunters. (Komm. Kiel) 8 (Erg.Heft), S. 1–157.

Riedel, W. & U. Heintze (Hrsg.) (1987): Umweltarbeit in Schleswig-Holstein. Wachholtz, Neumünster, 260 S.

Riedel, W.; M. Packschies & C. Müller (1988): Kleiner Umweltführer der Stadt Schleswig. Wachholtz, Neumünster, 76 S.

Riedel, W. & R. Polensky (1986): Die Naturschutzgebiete des Kreises Schleswig-Flensburg. Westholsteinische Verlagsanstalt Boyens & Co., Heide, 208 S.

Karten
Kompass-Radwanderkarte Schleswig-Holstein; 1 : 20 000.

Kompass-Wanderkarte Flensburg/Kappeln; 1 : 50 000.

Wandern und Erholen im Kreis Rendsburg-Eckernförde, Blatt Nord. Landesvermessungsamt Schleswig-Holstein, Kiel; 1 : 50 000.

Kompass-Wanderkarte (u. Radwanderwege) Rendsburg-Eckernförde; 1 : 50 000.

Ortsregister

Seitenzahlen, die mit einem zusätzlichen (R) oder (W) versehen sind, bezeichnen eine Rad- bzw. Wandertour

Aas See 145
Ahrensburg 9
Alsen 22, 61, 152
Alssund 152, 153
Alte Sorge 161
Alte Sorge-Schleife (NSG) 161
Altenhof 180, 188
Altpugum 60
Angeln 18, 23, 24, 34/35 (Abb.),
36 ff., 46, 48, 58, 61, 62, 66 ff., 72,
74, 75 (Abb.), 88, 92, 119, 132,
139 (Abb.), 184
Apenrade 56, 62
Arnis 88, 89, 92 ff., 95 (Abb.),
114 (Abb.), 119, 127, 169

Bad Segeberg 8
Barkelsby 148
Bergenhusen 158 ff.
Beveroe 52
Beveroer Noor 52
Bienebek 120
Birknack (Geltinger Birk) 53
Böckenis 116
Bockholm 62
Bockholmwik 62
Böel 66, 67 (Abb.), 68
Böelschuby 68
Böelulegraft 68
Bohnert 117
Bohnertfeld 92
Borgwedel 88, 107, 108, 188
Bornhöved 18, 20
Brebel 68
Brodersby 109, 111 (Abb.), 113,
116, 122 (Abb.)
Brodersbyer Noor 111 (Abb.)
Buckhagen 40
Budschimoor 41, 42/43 (Abb.)
Bültsee (NSG) 135
Bungsberg 185
Büstorf 117

Colsrakmoor 161

Dallacker 116
Damp 131, 133, 135, (W) 138 ff.,
144, 147, 152, 181, 185
Danewerk 20, 22, 85, 86 (Abb.), 96,
113, 156, 172 ff.
Dänischer Wohld 129, 132
Dannewerk 96, 177, 179, 190
Delmenhorst 21
Dingholz 70
Dollrott 40
Dörphof 141
Dörpstedt 158
Drült 40
Duborg 30, 32, 33
Düne am Treßsee (NSG) 40
Düppel 153, 154 (Abb.), 156
Düppeler Schanzen 19 (Abb.), 22,
153
Dybbøl Banke 156

Eckernförde 14, 92, 96, 128 ff.,
130 (Abb.), 136, 138, 143, 148, 150,
152, 181, 188, 190
Eckernförder Bucht 14, 24, 132,
136, 144, 147
Eckernförder Förde 88
Eider 20, 37, 80, 81, 158, 161, 163,
173, 177, 188
Eiderstedt 185
Elbe 18
Ellund 73
Emkendorf 180, 188
Erichshof 148
Esgrus 66, 72
Eslingholz 69
Esmark 69

Fahrdorf 107
Falshöft 56
Fehmarn 185

Fehmarnsund 185
Fleckeby 108
Flensburg 9, 14, 22, 30 ff.,
31 (Abb.), 36, 46, 52, 58, 74, 78,
80, 152, 180, 182, 188, 190
Flensburger Förde 14, 24,
31 (Abb.), 36, 47 (Abb.), 48, 50,
54/55 (Abb.), 60, 61, 63 (Abb.),
88, 152
Freienwillen 62
Friedrichstadt 73, 158, 163 ff.,
166 (Abb.), 188
Fröruper Berge (W) 41 ff.,
42/43 (Abb.)
Fünen 56, 61, 152
Füsing 109, 113

Gammelby 70
Gast 145
Gelting 40, 52, 56, 152
Geltinger Birk 24, (W) 50 ff.,
51 (Abb.), 53, 54/55 (Abb.), 56
Geltinger Noor 52
Geltingmole 56
Glücksburg 38, 40, 58, 62, 64, 180,
191
Goldhöft 52, 56
Goldhöftberg 52
Goltoft 116
Grödersby 119, 120
Groß Brodersby 116
Großer Plöner See 188
Großes Moor 135
Großkönigsförde 15 (Abb.)
Großwaabs 147
Grünholz 40, 71, 133
Gunneby 116
Gunnebyer Noor 116, 169

Haddeby 107
Haddebyer Noor 80, 85, 89,
(W) 96 ff., 107, 171, 172, 173,
174/175 (Abb.)
Haithabu 20, 37, 80, 85, 87 (Abb.),
96, 97, 107, 113, 172 ff.,
174/175 (Abb.)
Halbinsel Holnis (NSG) 60
Hattlund 46, 48
Hattlundmoor 48
Hechtmoor (NSG) 66, 69
Heiligenhafen 16, 184

Helgoland 8
Hemmelmark 135, 144
Hemmelmarker See 135, 144
Höckeberg 46
Hohenstein 145
Holm 33, 184
Holmer See 109
Holnis 24, (R) 58 ff., 59 (Abb.)
Holnis Drei 61
Holnis Hof 61
Holnis Kliff 58, 59 (Abb.), 60
Holnis Noor 60
Husum 163, 185
Hütten 108
Hüttener Berge 48, 129, 132

Idstedt 21, 37, 38, 40, 81, 191
Iverslund 70

Jagel 158
Jütland 177

Kahleby 76
Kappeln 46, 52, 68, 73, 88, 89,
92 ff., 94 (Abb.), 114 (Abb.), 119,
121, 125, 148, 152, 168, 171, 180,
182, 191
Karby 134 (Abb.), 135, 141
Karlsminde 132, 145, 146 (Abb.),
148
Ketelsby 120
Kiel 22, 74, 80, 84, 128, 138,
144, 180, 181
Kieler Förde 18, 88
Kielfot 92, 99
Kius 116
Kleinquern 46
Kleinwolstrup 46
Knoop 188
Knos 62
Kohlfeld 69
Kopenhagen 61, 153
Kosel 113, 132, 135
Krieseby 120
Krim 141
Kummerhy 66

Langballig 40
Langballigau 24, 58 ff., 152
Langeland 152
Lehmberg 145

Lehmbergstrand 145
Limes Saxoniae 18
Lindau 40, 116, 123 (Abb.), 169
Lindauer Noor 169
Lindauhof 120
Lindaunis 66, 88, 113,
114 (Abb.), 116, 119, 120, 168, 169
Loiterau 74
Loosau 148
Loose 143, 148
Löstrup 70
Louisenlund 108, 110 (Abb.)
Lübeck 20, 80, 88
Ludwigsburg 133, 143, 145,
146 (Abb.), 147, 148

Maasholm 93, (W) 101 ff., 127,
168, 171
Marienhof 133
Mehlby 93
Missunde 38, 61, 88, 92, (W) 99 ff.,
107, 109, 113, 114 (Abb.), 119, 168,
170 (Abb.), 171
Mohrkirch 68
Moldenit 76, 113
Munkbrarup 58, 61, 64

Neuböelschuby 68
Neupugum 60
Nieby 56
Norby 117
Nord-Ostsee-Kanal 188
Norderbrarup 66, 72
Norderhake 136
Norderstapel 158
Nordfriesland 163
Nordschleswig 22
Nübelfeld 46, 50

Oehe 40, (W) 101 ff.
Oehe-Schleimünde 24, 103 (Abb.)
Oeversee 22, 38, 41
Oldenburg 21
Ornum 117
Ornumer Noor 92, 113, 117, 171
Os (NSG) 68

Pagerö 121
Pugumer See und Umgebung
(NSG) 60

Quern 46, 70

Ranmark 64
Ratzeburger See 188
Reesholm (NSG) 92, 108, 109,
171
Rehberg 69
Rehbergerholz 69
Rendsburg 9, 158
Rheide 158
Rieseby 117, 135, 148
Roest 40, 93
Rotensande 147
Rüde 62
Rügge 66, 72
Rundhof 40

Satrup 61, 66, 69, 72, 73, 76
Satrupholmer Moor 37, 70
Saxtorf 133, 148
Schaalby 74, 76
Schaalsee 188
Schausende 60
Scheersberg (W) 46 ff., 47 (Abb.),
70
Schlei 14, 20, 24, 36, 37, 39 (Abb.),
76, 81, 85 88 ff., 94 (Abb.),
95 (Abb.), (R) 107 ff., 110,
(R) 113 ff., 114 (Abb.), (R) 119 ff.,
122 (Abb.), 123 (Abb.), 132, 135,
138, 168 ff., 185
Schleihaff 104
Schleimünde 26, (W) 101 ff.,
103 (Abb.), 168
Schleswig 20, 21, 36, 38, 70,
(R) 72 ff., 80 ff., 82 (Abb.),
86 (Abb.), 89, 96, 107, 109, 113,
124, 136, 138, 158, 168, 169, 171,
172, 173, 182, 185, 188, 191
Schnaap 136
Scholderup 74
Schönhagen 93, 141
Schönhagener Kliff 104
Schönwalde 185
Schuby 73, 143
Schubystrand 140
Schwansen 23, 24, 88, 92, 93,
115 (Abb.), 119, 128, 129,
131 (Abb.), 132 ff., 134 (Abb.),
139 (Abb.), (R) 143 ff.

Schwansener See (NSG) 16
24, 93, 104, 135, (W) 138 ff.
Schwastrummühle 138
Schwennau 58
Selenter See 188
Selk 97
Selker Noor 85, 97
Siegum 62
Sierksdorf 185
Sieseby 90 (Abb.), 119, 120, 133,
135, 168, 169
Söby 147
Sønderborg 22, 56, 62, 152 ff.,
155 (Abb.), 188, 192
Sonderby 117
Sorge 20, 158 ff., 161
Sörup 66, 69, 70
Spieljunken-Wiesen 161
Steinbergkirche 46, 48
Steinburg 185
Stenderup-Poppholz 37
Sterup 50, 66, 70
Stexwig 108
Stubbe 115 (Abb.), 117, 120,
133
Südensee 70
Süderbrarup 18, 64, 66, 68, 70,
(R) 72 ff., 121
Südschleswig 22
Südstrand (Fehmarn) 185
Sundacker 119

Taarstedt 74
Tarp 41
Thorsberg 18
Thorsberger Moor 37, 66, 72
Tönning 163
Tolk 185
Traveförde 88
Treene 20, 80, 158, 161, 163,
173, 177

Ulsnis 39 (Abb.), 113, 116, 168, 169
Ulstrup 64
Unewatt 58, 62, 192
Unewattfeld 64

Vogelfreistätte Oehe-Schleimünde
(NSG) 92, 105

Waabs 132, 135, 140, 143, 147
Wagersrott 72
Weissenhäuser Strand 184
Weseby 101, 109
Westensee 188
Westerholz 62
Wilster 185
Windeby 138
Windebyer Noor 135, (W) 136 ff.
Winnemark 119
Winning 76, 107, 113
Wittensee 188
Wormshöfer Noor 104
Wormshöft 104

Thomas Mann war da. Emil Nolde auch.

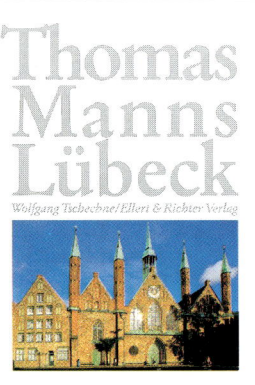

Das Buch ist eine spannende Reise durch die alte Hansestadt auf den Spuren des großen Lübeckers Thomas Mann und seiner literarischen Gestalten.
ISBN 3-89234-224-5   DM 24,80

Die Heimat Emil Noldes, das nördliche Schleswig-Holstein, wurde von Heinz Teufel stimmungsvoll fotografiert: endlose Horizonte und üppige Bauerngärten.
ISBN 3-89234-142-7   DM 19,80

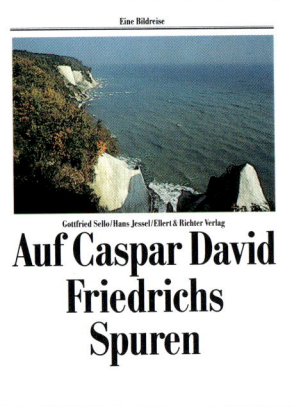

Die Elbe ist nicht nur ein wunderschönes Stück Natur, sondern auch bedeutsam für Geschichte und Politik. Bilder und ein informativer Text illustrieren dies.
ISBN 3-89234-278-4   DM 19,80

Die romantischen Motive C. D. Friedrichs aus der Sicht eines Fotografen von heute: Vieles kennt man aus seinen Gemälden, doch es gibt auch Überraschungen...
ISBN 3-89234-297-0   DM 19,80

Der Norden: Mehr als Meer.

Traditionsreiche Städte und Seebäder, Inseln, Halbinseln und Seen sind charakteristisch für Mecklenburg-Vorpommern. Ein verloren geglaubtes Paradies…
ISBN 3-89234-273-3   DM 19,80

Das nördlichste deutsche Bundesland ist geprägt von Küste, Waldgebieten, Seen und wunderschönen Städten. Hans Jessel stellt das Land in Bildern und Texten vor.
ISBN 3-89234-291-1   DM 19,80

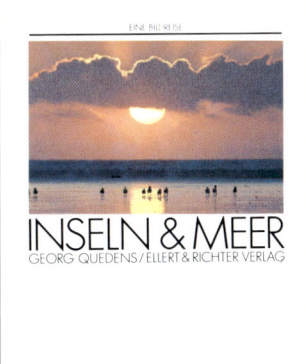

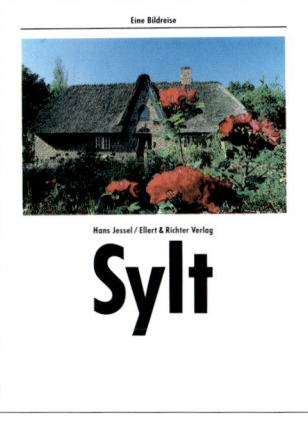

Ein eindrucksvolles Porträt der deutschen Nordseeinseln und Halligen: ihre Tierwelt und Landschaft, der Alltag ihrer Bewohner gestern und heute.
ISBN 3-89234-152-4   DM 19,80

Sylt – eine faszinierende, von Gegensätzen geprägte Insel: lebendige Seebäder und stille Orte, Tourismus und Tradition – vorgestellt von dem Sylter Hans Jessel.
ISBN 3-89234-303-9   DM 19,80

Impressum

Titelabbildung: Wasserschloß Glücksburg

Text und Bildlegenden: Hans-Dieter Reinke, Boksee
Lektorat: Dorothee v. Kügelgen, Hamburg
Wanderkarten: machART, Hamburg
Alle andern Karten:
Studio für Landkartentechnik Detlef Maiwald, Norderstedt

Gestaltung: Hartmut Brückner, Bremen
Satz: Fotosatz Wahlers, Langwedel
Lithographie: Lithographische Werkstätten Kiel, Kiel
Druck: C. H. Wäser KG, Bad Segeberg
Bindung: Buchbinderei Büge, Celle

Bildnachweis:
Bildarchiv Preussischer Kulturbesitz, Berlin: S. 19 o. und u.
Hans Jessel, Keitum/Sylt: S. 83 u.
Hans-Dieter Reinke, Boksee: S. 15, 27, 31, 34/35, 39, 42/43, 47, 51, 54/55, 59,
63, 67, 75, 82, 83 o., 86, 87, 90, 91, 94, 95, 102, 103, 110, 111, 114, 115, 122, 123,
130, 131, 134, 139, 146 o. und u., 154, 155, 159, 166, 170 o. und u., 174/175

Die Deutsche Bibliothek – CIP-Einheitsaufnahme
Reinke, Hans-Dieter: Die Ostseeküste von Flensburg bis Eckernförde /
Hans-Dieter Reinke. – Hamburg: Ellert und Richter, 1994
(Ellert-&-Richter-Reise-und-Naturführer)
ISBN 3-89234-472-8 – NE: HST

© Ellert & Richter Verlag, Hamburg 1994